北京文博

文 丛
二〇二〇年第三辑

北京市文物局 编

北京燕山出版社
BEIJING YANSHAN PRESS

图书在版编目（CIP）数据

北京文博文丛. 2020. 第3辑 / 祁庆国主编. —— 北
京：北京燕山出版社, 2020.12

ISBN 978-7-5402-5869-6

Ⅰ. ①北… Ⅱ. ①祁… Ⅲ. ①文物工作 – 北京 – 丛刊
②博物馆 – 工作 – 北京 – 丛刊 Ⅳ. ①G269.271-55

中国版本图书馆CIP数据核字(2020)第268002号

北京文博文丛 · 2020 · 第三辑

出版发行：北京燕山出版社有限公司

社　　址：北京市丰台区东铁匠营苇子坑138号C座　100079

责任编辑：郭　悦　任　臻

版式设计：肖　晓

印　　刷：北京兰星球彩色印刷有限公司

开　　本：787mm × 1092mm　1/16

印　　张：8

字　　数：181千字

版　　次：2020年12月第1版

印　　次：2020年12月第1次印刷

ISBN 978-7-5402-5869-6

定　　价：48.00元

北京文博

2020年第3辑（总101期）

主办单位：北京市文物局

编辑出版：《北京文博》编辑部

北京燕山出版社

网址：http://www.bjmuseumnet.org

邮箱：bjwb1995@126.com

目录 | Contents ||||||||||||||||||||||||||||||||||||||||||||||||||||||||||||

博物馆研究

文物保护

声 明

本刊已许可中国知网以数字化方式复制、汇编、发行、信息网络传播本刊全文。本刊支付的稿酬已包含中国知网著作权使用费，所有署名作者向本刊提交文章发表之行为视为同意上述声明。如有异议，请在投稿时说明，本刊将按作者说明处理。

Beijing Cultural Relics and Museums

No. 3, 2020

Organizer: Beijing Municipal Administration

Bureau of Cultural Heritage

Edited and Published by the Editorial Department

of Beijing Wen Bo, Beijing Yanshan Press

URL:http://www.bjmuseumnet.org

E-mail: bjwb1995@126.com

目录 | Contents ||||||||||||||||||||||||||||||||||||||||||||||||||||||||||||||||||||||||||||||||||||||

北京中轴线——古都历史文明的平台

孔繁峙

北京中轴线及其建筑，承载着深厚的民族历史文化内涵，与我国延续数千年的古都城市发展史一脉相承，历经数千年所构成的这一独具魅力的古都城市营造体系，是古代社会政治、文化与城市建设的有机统一，是几千年来中华文化孕育的一种特殊的文化成果。

中轴线作为古都城市的文明标志和历史文化象征，有着悠久的城市历史渊源。历史文献和考古发现证明，在中国古都城市规划建设史上，最早的轴线理念和最早的城市几乎是同时出现的，东周时期的《周礼·考工记》是记载我国最早的城市平面规划构图的历史文献（图一），当时就有了以中为尊的城市规划理念，可以说这是中轴线产生的初级阶段。就其文化意义讲，它是中国礼仪制度在城市规划中的运用，是礼制文化"以中为尊"在城市建设布局的体现。尽管当时在城市建设中并没有"中轴线"这一专用名称，但是它反映的是封建社会国家"王者居中"的价值取向，以全城的核心位置，展现了封建帝王的权威地位，可以看出城市中轴线的文化意义是第一位的，是超越建筑自身的，而且这种城市布局的规划理念，对我国长达几千年的中国城市建设发展，不仅产生了深远的影响，而且在很大程度上决定了以王权为中心的中国历史城市建设的规划方向。

在中国几千年城市文化发展的历史长河中，北京古城市没能产生在这一民族历史长河的源头起点上，没能成为中国古都城市中轴线形成的开创城市，但荣幸的是，北京古都却是中国城市历史文化发展的集大成者，汇集吸收了古代历史城市的全部精华，达到了中国古代城市发展的最高峰，而北京城中轴线正是这历史文化中的精髓。从古都城市规划的内涵理念上讲，中轴线包含了各个历史时代的文化信息和思想观念，可以说是一处汇集和展示中国城市发展史的文化平台。

现在我们对北京三千多年建城史的时代序列掌握得很清楚，但是，对三千多

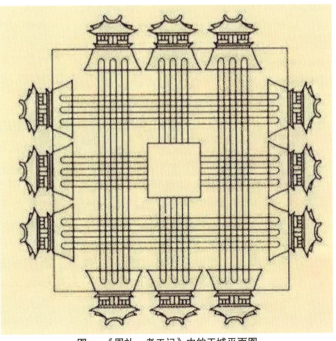

图一 《周礼·考工记》中的王城平面图

年历史过程中各时期城市规划、建筑布局的了解却有很大缺环，比如：北京历史上最早的西周燕都古城、蓟都古城，直至春秋战国、秦汉及隋唐幽州城等，这长达两千年的城市是如何规划的？各历史时期的城墙、城门、建筑布局、市内道路等是如何设计的？是什么建筑形制？等等问题我们始终是不得而知，这个问题一直困扰着我们，也是我们历年来始终未能解决的问题，其根本原因是，从西周蓟都古城到汉代幽州城直至隋唐时期的北京城，这些古代城址上早已建成高楼小区，历史痕迹已经荡然无存，都成为历史的遗憾。此后，我们对北京历史上著名的辽南京城、金中都城包括元大都城市布局的了解，更多的也是依靠文献记载，历史遗迹存世很少，这就是说，在北京三千多年建城史、八百多年建都史的发展过程中，世人能够看到的完整的古都城市，就只有近六百年历史的明北京城了。而对北京城真正的科学研究和理论认识，又是梁思成开创的，他以现代科学的视角，把古都城市作为一门历史文化，把历史建筑作为一门学科来看待。是他研究发现了北京古城中轴线及建筑的历史文化"秘密"及其在古都城市规划中的重要地位，是他第一次提出了中轴线的概念和中轴的理论，使世人真正认识到中轴线的历史价值。在以后数年间，著名地理学家侯仁之先生又发展了中轴理论；一大批学者、教授又多学科、多角度地对中轴建筑及文化理念进行了阐述，使中轴理论的研究探索得到进一步深化和扩展，并不断取得新的研究成果和新的认识。目前，中轴历史文化的研究已经是硕果累累，形成了系列性的丛书，使得中轴文化成为北京古都城市的一个文化平台，向国人和世界展示着古都的历史文化特色，现在可以这样说：游人了解了中轴线，就认识了半个北京城。

中轴文化理论的确立，不但为我们认识北京城提供了一个新的视角，也为北京历史文化研究开拓了一个新的领域，特别是在史学领域和古都城市研究领域更发挥着认识上的引领作用，主要体现在四个方面：

首先，是在考古学上，中轴理论为我国历代城址考古的认识和分类提供了重要的文化界定标准。在我国几千年的社会发展与城市更迭中，古代城市经历了多次变迁和重建，不同历史时期的城市建筑布局又各不相同，全国范围内出土的古城遗址，既有不同区域文化上的差异又有时代发展不同的区别，怎样认识这些历史城址之间的文化联系呢？由于梁思成先生研究发现并提出了中轴理论，考古工作面对各类古代城址，运用中轴理论分析研究，发现了这样一个历史现象：尽管古代城址在时代早晚、规模大小及地域文化上各有不同，但都有着"以中为尊"（或城市中分线）这个共同的历史文化元素，考古研究就从这一共同的历史"文化现象"入手，从而破解了古城址文化属性的难题。而进一步的研究发现，我国古代城市在数千年的历史岁月中虽然多次变迁重建，并且民族文化不同，但都有着以中为尊、中轴布局的文化理念。尽管是历经几千年的时代变迁，城市多次重建，但城市中轴线都以不同方式得以延续，现在考古界不但对所发现的古城遗址运用中轴理论都可以做出解释，而且还逐步发现了中轴线在历史城市发展中变化、发展、完善的过程，从考古发现的西汉长安城（图二）、曹魏邺北城（图三）、魏洛阳城的宫城轴线（图四），到隋唐长安城（图五）、北宋开封城的都城轴线（图六），再到元上都、元大都、明北京城的中轴线（图七—图九），都揭示了古都城市中轴线不同历史时期演变发展的过程。

古都城市中轴线的产生发展及对历史上中轴文化的传承延续的整个过程的发现与认识，是当今对古都城市文化的一项重大史学研究成果。根据现在的考古发现和认识深度，我们可以说，中轴文化贯穿了中国数千年城市发展的始终，是古都城市

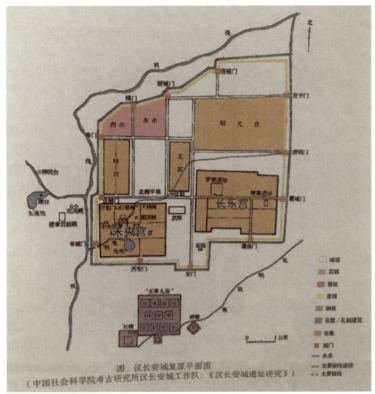

图：汉长安城复原平面图
（中国社会科学院考古研究所汉长安城工作队：《汉长安城遗址研究》）

图二 西汉长安城复原平面图

规划建设及都城文化发展的核心内容，而梁思成研究发现的正是几千年城市中轴文化的结果，在其以后所不断获得的古城址的考古发现，正是中轴文化几千年产生发展的前期过程，不同时期的两个发现共同构成了完整的中国古都城市中轴文化发展理论，这是一项有重大历史意义的古都城市文化研究成果，也是梁思成先生的中轴理论对史学研究的重要贡献。

其次，是在文化意义上，中轴文化塑造了我国几千年城市的文化发展系列。以中为尊，是古代城市共同的文化发展基因。它可以穿越漫长的历史岁月，将长达几千年的古代城市连接成一条完整的历史城市发展系列，从东周时期《周礼·考工记》创立了"宫城居中""以中

为尊"这一规划理念后，我国历代的都城建设，从西汉长安城、汉魏洛阳城、魏晋洛阳城的宫城所占据的城市中心位置，到隋唐长安城、北宋开封城、辽南京城、金中都城（图十），再到元上都城、元大都城、明清北京城等宫城已经成为整个城市建设与规划的核心。正是因为具有"以中为尊"的共同的文化元素，我们才能跨越这几千年的历史时空，把历代古城放在中轴文化发展的历史链条上，深入分析各个城市文化间的相互影响，确认它们之间的传承关系，使我国历史上的各类古都城市成为一个共同的历史文化发展系列，在这个基础上，每座历史城市之间都可以前后穿越千年时空进行对话。因为"以中为尊"就是城市相隔千年而认同的文化纽带，共同的历史文化理念，能使它们连结成古都历史文化的整体。

再次，是在文化价值上，中轴文化是传承中华五千年历史文化的重要载体，具

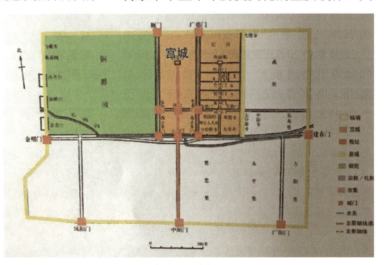

图三 曹魏邺北城复原平面图

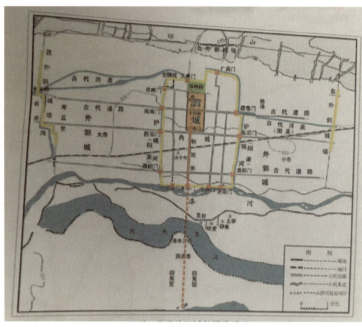

图四 北魏洛阳城复原平面图

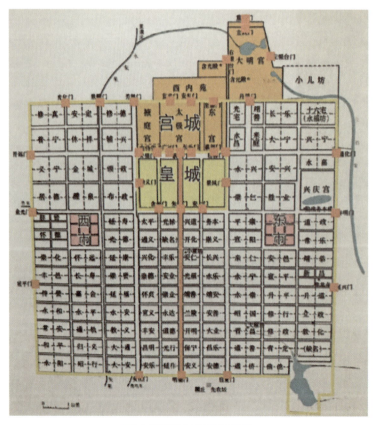

图五 隋唐长安城复原平面图

有丰富的历史文化内涵，是一笔深厚的精神文化遗产。从中轴线这一城市历史文化

平台上，能够感受到中轴历史文化的两大特性：

一是民族文化的传承性。北京中轴线的历史渊源可以追溯到遥远的西周时代，《周礼·考工记》所确立的"以中为尊"的城市规划理念是封建国家礼制文化在城市布局中的价值体现，对中国几千年的城市建设都产生了重大影响。正是由于礼制文化贯穿整个封建社会，因此"以中为尊"的城市规划理念为历代所沿用。尽管古代城市历经多次的拆除与重建，但体现"以中为尊""王者居中"的中轴布局等城市规划的核心内容都得到了延续、传承与发展，北京中轴线历经三千多年城市建设发展，已非常成熟壮观。但我们如果将明北京中轴线同《周礼·考工记》中记载的王城相比较就会发现，两座城市尽管相隔三千多年，但仍然具有很多相似的文化元素。如城门的方位、道路的走向，特别是以中为尊的布局方式和中轴道路，几乎是一脉相承，只是北京中轴线蕴含了更大的历史文化容量，而这正反映了中华文化的千年传承。由此可见，中轴线绝不单纯是建筑艺术的组合，更是城市历史文化的构成。如果我们从更为广阔的历史视野来认识和研究就会发现，《周礼·考工记》中描绘的城市已是规划十分成熟的城市形态，按照文化从初级向高级逐渐进步的发展规律，它绝不是中国历史上最早的城市和最早的中轴线（或中分线），此前最初的城市形态一定会追溯到更早的史前时期，最初的城市中轴线（或中分线）一定会超越中国文明史之前，中轴文化及其内涵也一定会承载更为久远的历史文明。当然，这需要今后考古的新探索和新发现来佐证。

二是民族文化的一体多元性。北京作为辽、金、元、明、清五个朝代的都城，代表了五个不同的民族和不同的文化，也经历了五个不同民族的不同文化的价值追求，这期间古城先后被四次拆毁和四次重建，但每次重建不但都保持了"王者居中"的规划模式，延续着中轴文化的理念，而中轴线也正是在这一次次的城市重建中，文化内涵得到不断的扩展、充实和完善，并最终在明清时代发展成为我国历史上古都城市中最为壮丽的中轴建筑群体。由此可见，北京中轴文化是由各个民族的多元文化共同塑造的。各民族文化的多元性是构成中轴文化的重要前提，民族的多元文化融汇于中轴文化的整体之中，而中轴整体又包容了民族文化的多元性，中轴线历史文化的形成过程正体现了古都北京多民族文化的融合和"多元一体"的社会文化特征，这也是中华民族始终保持国家统一的一块重要的历史文化基石。

最后，是在文化内涵和文化象征上，中轴线以独特

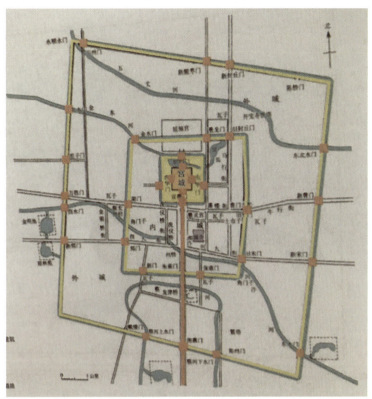

图六 北宋开封城复原平面图

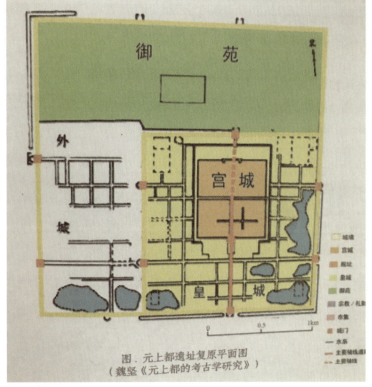

图.元上都遗址复原平面图
（魏坚《元上都的考古学研究》）

图七 元上都城平面图

图八 元大都城平面图

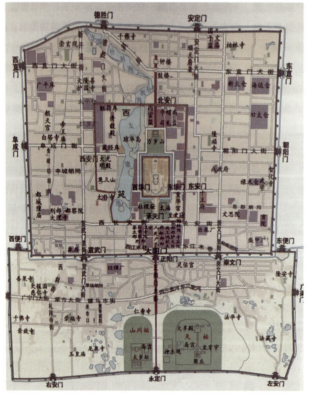

图九 明北京城平面图

的规划及建筑形式融汇形成的一种博大精深的古都历史文化体系，代表了古都城市多种类型的历史文化形态：

——钟楼、鼓楼处于中轴线北端起点，是明清时期国家以撞钟、击鼓方式向全城乃至全国发布统一的北京时间的报时建筑，在其建筑功能中，体现了封建帝王对全国规范作息时间和统一实施政令的文化内涵；

——明清皇宫是中轴线乃至全城的核心建筑，以全城的核心区和中轴核心点的独特位置，将帝王皇宫置于全城至高无上的地位，象征着封建国家皇权的绝对权威及其国家大一统的文化象征，突然袭击显了中国几千年封建帝王对全国统治的皇权思想，体现了各民族历史上追求国家统一、反对社会分裂的传统文化的核心元素，代表了我国几千年历史发展的政治文化中的最高价值观念；

——社稷坛、太庙分列紫禁城内皇宫前中轴线的东西两侧。体现了《周礼·考工记》中"前朝后市、左祖右社"的帝王都城设计原则，是明清两代帝王向天下昭示"普天之下莫非王土"、保佑民间"五谷丰登"的坛庙建筑和供奉明清两代帝王及列祖列宗的皇家庙宇，其建筑理念包含了历代国家统治者重视国家疆土完整、尊重祖先、孝敬先人的民族传统文化；

——五府六部是中轴线上曾经存在的明清时期封建国家的最高统治机构，在其文化意义上，象征着封建国家中央集权的官僚统治体制，代表了我国历史发展的政治、经济、文化高度统一的文化价值观念；

——天坛、先农坛是我国历史上级别最高的明清皇家祭天祈谷、祈祷丰年和祭祀先农、山川、神祇、太岁诸神降福人间、保佑众生的场所，代表了我国封建社会"尊天地、敬鬼

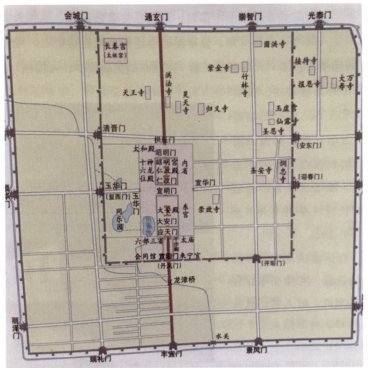

图十 金中都城平面图

神、重苍生"的社会信仰，蕴含着我国古代"重农事、顺天时"发展生产的社会文化观念；

——永定门、正阳门是老北京外城、内城最具标志意义的两座城门建筑，代表了我国几千年城市防御建筑发展的历史形态，蕴含着历史上冷兵器时代都城建筑的防御体系、城防技术和兵家理论等古代军事文化；

——天安门广场及周边建筑，其所蕴涵的文化意义，代表了在新的历史时代中华民族的伟大复兴及实现了从长达几千年封建社会向社会主义社会的跨越，是在古都城市数千年历史的封建社会文化及皇权象征的中轴传统观念的背景下，产生的天安门广场、人民大会堂、人民英雄纪念碑和国家博物馆等建筑所展示的"人民当家做主"的文化新理念，从历史上象征皇权统治的中轴建筑及所体现的封建社会历史文化核心理念，实现了向社会主义"以人为本"的先进理念的时代跨越，记载了中华民族新时代伟大复兴的发展历程。

在这千年传承、内涵丰富的古都中轴文化平台中，民族的"多元一体"、文化的传承延续，是其中最为强大的文化内核，这是真正的历史文化精髓，也是中华传统文化的价值核心，具有无穷的文化价值。它不仅在过去塑造了古都城市强大的历史文化形象，至今仍是中华民族最为珍贵的历史文化遗产，这也是我们中轴申遗、保护、展示的核心内容。

（作者单位：北京市文物保护协会）

民国时期北京中轴线建筑的传承

谭烈飞

北京中轴线自元大都形成，到明清北京城的完整体现，成为北京历史文化的重要组成部分，侯仁之先生提到北京城市的"三个里程碑"，即紫禁城、天安门广场、奥林匹克体育中心，其实，还应该加上民国时期对天安门地区及正阳门的改造所形成的成果，在北京中轴线"申遗"中如何在近现代阐述这种传承关系，值得重视。

近代以后，特别是进入民国以后，在对城市的建设与改造过程中，一大批有识之士，既顺应历史潮流，又深谙中国的传统文化，对北京中轴线建筑的改造进行了一系列的尝试，值得肯定。近现代北京中轴线的传承关系是清晰的、递进的，在文化传统的继承上是一致的。

一、民国时期对中轴线相关建筑改造的成就

民国时期，北京中轴线的改造，包括：天安门前的道路被打通，从封闭状态到开放的格局建立；对前门地区的改造；对前门箭楼的改造；开辟社稷坛、天坛、先农坛为市民公园等。这些成就的取得，现在看来多是具体工程的实施，但是，在当时的历史条件下，都要付出巨大的努力，都具有划时代的意义，同时，也对后世产生巨大的影响。

1. 打破了原有的城市格局——从壁垒到开放

1912年后，长安左门和长安右门的门槛相继被拆除，中华门内的东西千步廊，东、西三座门以及两侧的宫墙，东、西公生门及其两侧的皇城墙，都被一一拆除，不仅开辟了天安门前的东西通道，使长安街成为贯通东西的干道，而且天安门前呈现"T"形广场。在皇城内也开辟了一条东西道路，紫禁城神武门外的北上门及东西角门，北海前面的东、西三座门都被拆除，沟通了皇城阻隔的东西交通，打通了朝阳门与阜成门之间的东西向道路，即今天的朝阜路。

1915年，正阳门瓮城以及瓮城上的闸楼被拆除，在瓮城和南城垣相交的地方，也就是正阳门城楼的两侧，开辟为道路，改造后使南北中轴线中段的交通拥堵状况不仅得到了缓解，而且，新铺设的街道从城楼两侧新辟的通道穿过，从而将内城和外城直接沟通起来，封建帝都核心地带对商业的限制、人流的限制所产生的封闭状态，也随之彻底改观，极大便利了交通运输，这里便成为北京城市的重要交通枢纽，而便利的交通枢纽带来了附近地区的市场兴旺、人流物流的发达，这一带成为民国时期北京城市的核心地带。

2. 民本思想在城市改造中得到重要体现

主要体现在对社稷坛的改造。社稷坛是封建社会中"国之大事，在祀与戎"的重要表现地，朱启钤在改造社稷坛中提到："此实我国数千年来特重土地人民之表征。今于坛址，务为保存，俾考古者有所征信焉。环坛古柏，井然森列，大都明初筑坛时所树……枯菀之间，实自治精神强弱所系。惟愿邦人君子爱护扶持，勿俾后

人有生意婆娑之叹，斯尤启钤所不能已于言者。"①朱启钤就是在此基础上加以改造，开辟为市民公园，因处于城市的核心位置故名曰"中央公园"。

在对园内的改造上，除了保存核心的祭坛等社稷坛传统建筑外，增加了大量市民需要和体现时代特点的公园设施。利用拆除天安门两侧千步廊的木料修建了东西长廊和敞亭，新建有投壶亭、松柏交翠亭等，增加了新的园林景观和实用功能；将圆明园遗存的"青云片""青莲朵""搴芝""绘月"等珍贵太湖石移入公园，从河北运来北宋时期的石狮，点缀各处起到画龙点睛之效；建造了中西合璧建筑唐花坞，在唐花坞前面开挖湖泊，修建水榭，布置假山；将圆明园遗址的兰亭碑及"兰亭八柱"整体搬迁至中央公园内，兰亭碑正面刻《兰亭修禊曲水流觞图》及《题记》，背面刻乾隆皇帝赋写"兰亭"的诗作，八根石柱上分别镌刻着历代书法家和乾隆临摹的《兰亭集序》帖。新建有来今雨轩、春明馆、绘影楼、长美轩、四宜轩等多处各具特色的新式茶座、中西餐馆，成为当年文人墨客休闲娱乐、请客会友的雅集之处。此外，靠中轴线偏西南之处，整体移建了始建于明永乐十八年（1420），原位于正阳门内兵部街鸿胪寺衙门内的习礼亭，单檐攒尖，黄色琉璃瓦屋面，它是明清两朝初入京的文武官员、少数民族首领和外国使臣朝觐皇帝前的习礼之地。与此同时，公园内创设了行健会，设置棋、球、投壶室，以及室外网球场、射圃。行健会是北京最早的民间体育组织。在社稷坛西南角神库内创建了卫生陈列所，展陈衣服卫生、饮食卫生、居住卫生、儿童卫生、卫生常识、花柳病、肺痨、传染病、医药等十组实物和医学标本，成为北京最早的群众防病知识宣传阵地。还开辟公共图书阅览室，建造了北京第一处保龄球房、儿童体育场、滑冰场、高尔夫球场等健身场所也相继开设，中央公园成为那个年代最具吸引力、号召

力、影响力的公共文化、休闲、健身场所，发挥了城市公园的特点，很好地诠释了旧有的文化遗产为时代服务的方法和作用，也可以说是"古为今用"服务市民生活的示范。

3.冲破了"龙脉""民意"的限制——近代城市的理念得到实施

在近代城市发展进程中，各种各样的束缚无处不在。作为北京而言，封建帝都以紫禁城为中心的城市格局以及所形成的理念似乎根深蒂固地融入了上至达官显贵、下至平民百姓的血液之中。当铁路、电话线要进入城市之时，阻止最大的口实是"有伤龙脉"，改造正阳门的消息一经传出，京城哗然，各种反对声音不绝于耳。据朱启钤回忆，"所事皆属新政，建设之物，无程序可循，昕昕擘画，思虑焦苦"②。"乃时论不察，訾余为坏古制侵官物者有之，好土木恣娱乐者有之，谤书四出，继以弹章，甚至为风水之说，耸动道路听闻，百堵待举而阻议横生"③。改造方案的实施也同时受到一些商人们的反对，正阳门内千步廊一带的小摊主，因为他们的商摊要为建筑新路让出空地而必须拆除，所以反对声音非常强烈，甚至以请愿的方式要求内务部保护他们的商业利益。

当时袁世凯表现出力挺的态度是值得肯定的，他专门为朱启钤制作了银镐，以大总统名义颁发给朱启钤，以表明他对建设新的、现代化城市的支持，在50厘米长的红木手柄上嵌有银箍，刻有"内务总长朱启钤奉大总统命令修改正阳门，爰于1915年6月16日用此器拆去旧城第一砖，俾交通永便"字样，成为从封建城市到现代化城市改造的象征。以朱启钤为代表的一批有识之士，以创新的精神、发展的视野冲破各种束缚，改造了具有象征意义的正阳门地区，这种举措也对新中国城市的改造起到了一定的推动作用。

4.保住了城市中轴线的格局——城市的文化风貌得以体现

北京城市中轴线主要体现在中轴突

出、左右对称上，近代城市的改造，没有打破这种格局，而且对称格局的特点也在改造中体现出来。

对正阳门一系列改造中，是以正阳门城楼为中心点，在城楼的两侧城墙上，完全对称地各开辟门洞两座，也就是说开通了4座新的城门，成为北京内城与外城交通的道路，这一改造充分考虑到了两侧所开通门洞的对称特点：其与正阳门的距离基本相等，两侧的门洞均各宽9米、高8米，形状也是完全一样的；两侧的道路，也考虑了对称的特点，均宽20米，并在道路两侧设有一样的人行道。这样的改造既很好地解决了交通问题，又使中轴线的格局得到很好的体现，得到了相应的延续。

5. 使中西文化在交融中得到展示——中西文化交相辉映

朱启钤深谙中华文化发展的精髓，强调"吾中华民族者，具博大襟怀之民族，盖自太古以来，早吸收外来民族之文化结晶"④，显现出理念和认知水平的先进，并坚定地实施自己的主张。1915年6月16日，朱启钤冒雨主持了开工仪式，并用袁世凯制作的银镐刨下了城墙上的第一块砖。工程具体设计与施工则是由德国建筑师罗克格负责，其中最具中西文化交融的是对箭楼的改造。箭楼是正阳门的重要组成部分，而正阳门是北京城的正门，其实还可以理解为正阳门绝不简简单单的是一座北京的城门，它其实可以认为是国家的标志。朱启钤不仅要改造它，还请来了一个外国人来改造，其意义和作用已经远远地超过了建筑改造的本身，其象征意义远远大于实际意义。如今我们看到的改造成果是箭楼的整体依然如故，但是，原本箭楼所承担的功能被彻底打破了：箭楼的箭窗原本是用来防御的，可以放射箭弩、架设火炮，被安上了玻璃；在箭窗上面还增加了西洋样式的窗洞券，在月墙断面增添巨大的水泥浮雕，在中国古典风韵中，融入了西洋意趣；箭楼上增建了可以观赏的平台，并围以近似于白色汉白玉的护栏；

箭楼的东西两端增筑悬空月台，下砌石台阶。这种将西洋建筑元素加入古老的箭楼的改造方式，必然招来不少批评。瑞典学者喜仁龙就认为，箭楼"用一种与原来风格风马牛不相及的方式重新加以装饰"，"在前门整个改造过程中，箭楼的改建确实是最令人痛心的，而且这种改建简直没有什么实际价值和理由"⑤。朱启钤则强调文化的多元性："凡建筑本身及其附丽之物，殆无一处不足见多数殊源之风格，混融变幻以构成之也"⑥。

除了在箭楼可以看到这些中西合璧的建筑外，民国时期这些特点还在一些小的建筑中得以体现，比如在社稷坛改造中，在园中修建了格言亭，从外在形式上来看，完全是一座西洋式的建筑，用八根石柱筑成，呈八角形，而在亭柱上镌刻的内容则是中国文化最重要的名言，有孔子的"自古皆有死，民无信不立"、孟子的"国之本在家，家之本在身"、岳飞的"文官不爱钱，武官不惜死"、王阳明的"知是行之始，行是知之成"等语录，这也许就是"中学为体，西学为用"的具体体现。

6. 在浩劫中留住与保存文化的载体

1900年八国联军进入北京，司令部设在了天坛斋宫，在皇帝祭天的圜丘上架上了炮，不仅祭器等重要文物被席卷而去，建筑、树木都惨遭破坏。进入民国以后，天坛如何利用，进入无序状态，1912年7月，天坛被改为了农艺试验所，准备在这里种庄稼。新成立的"中华民国"在动乱中制定了宪法，祈年殿成为起草宪法的场所，1913年元旦，北洋政府决定将天坛免费开放10天，京城立即掀起了一股"天坛游玩热"，还允许外国人持外交部所发"门照"进入天坛参观。1913年12月23日冬至，刚刚登上民国正式大总统之位的袁世凯，在天坛举行祭天仪式。1914年5月，"中华民国"内务总长朱启钤呈请大总统袁世凯，提议开放京城皇家园囿，把天坛列为开放之首。由于袁世凯正打算率百官到天坛祭天，开放天坛一事终被搁置，直到1918年1月1日，天坛才由皇家祭坛变为市民公园，但坛内用地被侵占严重，建筑倾圮破败，已经失去了往日的恢宏。

1935年1月北平成立了旧都文物整理委员会，是专门从事古建筑修缮保护及调查研究的政府机构。此时的市长袁良也有志于解决古迹保护与利用的问题，整理和修复文物建筑成为北平市政建设的一项工作，经过招标，对天坛进行了修缮，朱启钤、梁思成、刘敦桢、林徽因等古建专家为工程的技术顾问，修缮工程项目包括圜丘坛、皇穹宇、祈年殿及祈谷坛台面、祈年门、祈年殿东西庑及其围墙、南砖门及成贞门、皇乾殿和外坛西墙，耗资达77万元（法币）。天坛的主要建筑圜丘，重做地基，换掉残损的石料，整理了排水设施，使整个圜丘坛的3034块石面平整密缝。祈年殿修缮，将屋面全部卸下，修整三层外檐。宝顶用铜皮焊成，磨光镏金，套在雷公柱外，把歪斜的雷公柱修正，使宝顶端正地落在由大块琉璃砖拼成的须弥座上。对皇穹宇进行修缮，对梁柱、墙面等原有装饰进行了彩绘，将柱子沥粉贴金，墙面花边纹样照原样补齐。同时，皇穹宇前的三阙门和圆形围墙、琉璃砖瓦等也一一精确磨制对缝[7]。

这些工程功德无量，为后来的保护与传承文化遗产做出了贡献，现在的天坛不仅是全国重点文物保护单位、国家5A级旅游景区，而且还是世界文化遗产，这些成就的取得都离不开民国时期文化先驱所作出的努力。

二、民国时期中轴线建筑保护改造传承的成因

进入民国以后，北京城市中轴线的保护与利用与北京近代城市的发展密切联系在一起，与时代的变革密不可分，当然也有来自于各方人士的作用。

一是在历史发展的进程中，与大的环境和大的背景紧密相连。清朝末年，随着外国势力的进入，封建帝都的禁锢开始动摇。《北京条约》签订后，外国使节开始在北京选择馆址，设立公使馆。《辛丑条约》签订后，划东交民巷为使馆界。规定"大清国国家允定各使馆境界以为专与住用之处，并独由使馆管理。中国民人，概不准在界内居住"。就连清代皇帝祭神的堂子也被迫迁至东长安街以北（今贵宾楼饭店所在地）。东交民巷成了"国中之国"。甚至，作为国门的正阳门一段时间竟然由外国大兵所把守。

二是封建专制政体不得不被动接受历史的变革。经历洋务运动、戊戌变法之后，诸多新政，体现在法律、教育、外交以及自治、实业等方面，改革学校、科举，裁冗官，设银行、路局，设工商总局，开放言论，公开预算，设报馆，办农会商会，奖励新发明，练新兵等，都取得了前所未有的显著成果。西方的文化、科学逐渐进入中国，启迪着中国人民的智慧，冲击着中国固有的封建专制的伦理道德、意识形态，促进封建专制政体走向变革。尽管中国漫长的封建专制影响，守旧意识广泛存在，新政很难到位，但毕竟带来了对旧体制的强烈冲击。

三是近代城市发展中的一些标志性的产业、行业冲破了封建整体的束缚，成为市民生活的需要。清末，在位置重要的正阳门，清政府"被迫"修建了火车站。先是1900年，原京山铁路（北京至山海关，也称京榆铁路）的终点站从城外的马家堡一直延伸到天坛西墙根下，后在清政府的干预下，认为天坛是奉祀昊天上帝之所，将这段引入城内的铁路予以拆除，接着另辟入城铁路途径，在永定门和左安门之间的城墙开豁口，经由东便门北侧从内城东南角楼下西折一直通到前门箭楼东侧，即前门东车站，而随后这条铁路的修建最终延伸到了东北的奉天（今沈阳）。1906年，京

汉铁路全线通车，这条铁路终点站也设在北京，站房设置在了正阳门的西侧，这便是和东车站并立的西车站。正阳门外也成为清末最大的交通枢纽。1901年，丹麦商人璞尔生将天津电话线路引入北京，开始了外商在京的电话经营。1904年，北京电报承办的北京第一个电话局，年内架线40里延伸至京西万寿山，并建成京津间长途电话线，初装磁石交换机100门，1905年，北京市话发展为5个磁石交换局，交换机总容量达1400门，用户583户。1911年，北京专门成立了无线电报局，直接接收欧美国际来报，直接抄收外电新闻。1913年，北京第一个私营出租汽车行——法国人经营的飞燕汽马车行诞生，北京街头出现了汽车。1921年以后开始建设有轨电车，城市近代化的步伐迅猛发展。

四是一大批接受西方文化的有识之士开始有了自己施展作为的平台。其中最具代表性的是朱启钤，他在晚清至民国政府中均身居要职，曾任北洋政府交通总长、内务总长，并一度代理过内阁总理，创立了近代规划建设思想，他吸收近代西方关于城市的认识，认为中西文化的交流是必需的，"启钤于民国十年，历游欧美，凡所目睹，足以证东西文化交互往来之故者"，"吾国太古之文明，实与西方之交通息息相关，……凡一种文化决非突然崛起，而为一民族所私有，其左右前后，有相依倚者，有相因袭者，有相假贷者，有相缘饰者，纵横重叠，莫可穷诘"[8]，因而，对东西方文化的相互借鉴，在北京城市的建设与改造中就大胆地实施起来，并且，对中国的传统文化，特别是城市的建设也有一些新的理解，并努力打造他所认知的城市功能。他认为《周礼》建国，前朝后市，意味一为政治中心，一为经济中心。二者为构成都邑之要素[9]。

三、民国时期中轴线建筑改造对后世的影响

历史的发展都有相互的继承关系，都不是凭空而来，尽管从世界历史发展的规律来看，民族、国家的文化可能因为政权的更替发生一些变化，但是，精髓的东西是在保存的基础上吸纳新的东西生存与发展的。

民国时期对中轴线上建筑的一系列改造和建设对以后的影响是明显的，主要体现在以下方面。

一是对原有文化的精髓得到认知与保护。北京作为千年古都，厚重的历史文化通过存世的古典建筑体现出来，北京中轴线的建筑是北京古典建筑的精华，最具代表性的当属故宫，北洋政府时期曾经有过改造故宫的计划，要把故宫的三大殿改造为国会会场，曹锟政府曾委托上海通义洋行的瑞典籍建筑师阿尔宾·施达克对三大殿进行测量，提交改造方案，对太和殿两侧建两层5.2米的建筑，两侧还要开门洞[10]。1923年5月22日《顺天时报》有载吴佩孚的电报："顷据确报，北京密谋决拆三殿，建西式议院，料不足，则拆乾清宫以补足之，又拆各部机关于大内，而鬻各部署。"引起各界人士的强烈反对，吴佩孚表示："百国宫殿，精美则有之，无有能比三殿之雄壮者。此不止中国之奇迹，实大地百国之瑰宝。欧美各国无不断断以保护古物为重，有此号为文明，反之则号为野蛮。"吴佩孚等人的行动为故宫的保护做出了贡献。1924年11月，溥仪被逐出故宫后，北京政府成立清室善后委员会，清理故宫资产并筹备成立博物院。1925年10月，故宫博物院正式成立，1946年，国民政府将古物陈列所和故宫博物院合而为一，统称故宫博物院。尽管以后也有影响故宫的波澜，但毕竟为后世完整将600多年的紫禁城保护了下来。

二是留下一直影响至今的对文物修缮与保护的理念和实践。中国古代建筑是以土木建筑为主体，经历自然损毁和各种外来因素的破坏，都需要对古建筑不断进行修复，在如何修缮与保护上，有识之士创造了影响久远的理念和实践。朱启钤在主

持北京旧城改造时，提出了古建筑"修旧如旧"的原则，为了能够实现这一原则，做了服务"修旧如旧"的基础工作，筹措资金对紫禁城等进行实测，对北京中轴线上的太庙和社稷坛两组古建筑群进行了精密测绘，制成数百幅精密图纸，为北京中轴线保护留下了首批珍贵的古建筑实测资料，为真正能够实施"修旧如旧"打下了坚实的基础，如今"修旧如旧"仍然是我国文物保护修缮的经典原则。

三是会聚古建保护的人才，开拓文化传承的视野，为文物的保护利用做出了贡献。朱启钤投资创办了中国营造学社，以天安门内旧朝房为办公地点，营造学社内设法式、文献二组，分别由梁思成和刘敦桢主持，单士元、邵力工、莫宗江、陈明达、刘致平等先后加入学社，分头研究古建筑形制和史料，并开展了大规模的中国古建筑的调查工作，搜集到了大量珍贵数据，其中很多数据至今仍然有着极高的学术价值，整理出版了《清式营造则例》《中国营造学社汇刊》《工段营造录》《元大都宫苑图考》《营造算例》《牌楼算例》《梓人遗制》《哲匠录》《同治重修圆明园始末》等古建筑书刊、专著30多种。更为可贵的是，这个学社不仅专注于古建筑，而且与古建相关的文化都成为研究的重要组成部分，正如朱启钤所说的："本拟为中国建筑学社，顾以建筑本身虽为吾人所欲研究者最重要之一端，然若专限于建筑本身，则其于全部文化之关系仍不能彰显，故打破此范围，而名以营造学社，则凡属实质的艺术无不包括。由是以言，凡彩绘、雕塑、染织、髹漆、铸冶、抟埴、一切考工之事皆本社所有之事。推而极之，凡信仰传说、仪文乐歌、一切无形之思想背景，属于民俗学家之事，亦皆本社所应旁搜远绍者。"[11]

学社和学社的成员都是北京古建筑保护与修复的专家，参加了大量的北京古建的修复工作，受委托参与故宫博物院文渊阁楼、南薰殿、故宫角楼的维修，在北平市政府主持下，学社与各文化机关共同组成圆明园遗址保管委员会，创制了一系列的文物保管章程和计划。

特别值得说的是，营造学社汇集的一批人才后来成为中华人民共和国文物保护和建设的骨干，在天安门广场的改造及人民大会堂、国家博物馆的建设中承担着重要的作用。

四是文化继承中的实践得到进一步发扬。民国开启了天安门广场的建设与改造：拆除了千步廊，在正阳门北面位于门楼与中华门之间的广场，亦铺以石板，经过一番改建，原来在广场北端的哨所，移近城墙，新辟一眼装饰性喷泉，从正阳门一直到中华门一带栽种树木，形成新的具有活力的市民广场。正阳门的改造不是简简单单地解决城市的交通问题，从地理的位置来看，所产生的影响使天安门地区与外城连接起来，提高和强化了天安门地区的城市影响力。这也无疑成为以后新中国天安门广场规划建设的前奏，为以后天安门广场的扩建和发展奠定了基础。

故宫是北京古城六百年的核心，也是中轴线上的核心，对故宫的保护和有计划的修缮，以及怎样对待一个完整的世界文化遗产都值得我们借鉴。社稷坛作为封建社会的重要祭坛，在如何保护和利用上做了探索性的尝试，时至今日如何完成从神圣的祭坛到服务于普通市民的公园的转化过程，在古建筑改造中存什么、建什么，都值得我们学习。

五是用发展的视野规划和建设城市。从古代社会到近代社会，对城市的认识与改造有质的不同，我国古代社会的城市主要是为政治秩序服务，具体的体现就是为封建皇权服务，而近代城市则体现的是平民化，为市民服务的道路交通、公园、商业服务业在城市空间中占有主导的地位与影响。长安街、朝阜路的打通，正阳门打通内外城的道路都体现了近代城市所具备的功能。从世界的视野来看，凡是文化底蕴深厚的国家和地区，都没有一味地一成不变地保留古建筑的形态，而是使古建筑没有发生质的变化，同时，伴随着时代发展的步伐，提升它的文化价值和服务功能。民国时期，所进行的文物保护的一系列尝试，吸纳和借鉴了西方文化的特点，为近代城市的发展和发挥近代城市的作用做了大胆的创新，这种文化的传承是建立在与历史发展同步的有序继承上的。

我们在"申遗"过程中，需要强调中轴线的真实性和完整性，在历史的变迁中，真实与完整是建立在历史发展的基础上的，需要体现时代特点。其实，体现城市的发展与文化传承的关系，不仅仅是应对"申遗"所需要的策略问题，更重要的是借助于"申遗"的过程，系统梳理一下我们如何面对北京这样一个古老的城市走向现代化的问题，在既要兼顾城市的发展、又要承载历史文化的积淀方面，以朱启钤为代表的那一代人进行了一系列的实践，我们可以借鉴，当然也可以批判，我们更可以站在他们的肩膀上看得更远、做得更好才是。

①朱启钤：《中央公园记》。

②北京市政协文史资料研究委员会等编：《蠖公纪事：朱启钤先生生平纪实》，中国文史出版社，1991年。

③朱启钤：《一息斋记》，北京市政协文史资料研究委员会等编：《蠖公纪事：朱启钤先生生平纪实》，中国文史出版社，1991年，第12页。

④⑥⑧⑪朱启钤：中国营造学社开会演词，民国十九年二月十六日，原载《中国营造学社汇刊》一卷一期。

⑤喜仁龙1920至1921年考察了北京的城墙和城门，并将其所得成果，撰成《北京的城墙与城门》（The walls and gates of Peking）一书，于1924年在伦敦出版，1985年，北京燕山出版社翻译出版。

⑦参见崔勇：《1935年天坛修缮纪闻》，《建筑创作》2006年第4期。

⑨白敦庸：《市政举要》，朱启钤民国十九年作序。上海大东书局，1936年。

⑩司汗：《施达克——改建紫禁城的瑞典建筑师》，《建筑史论文集（第16辑）》，清华大学出版社，2002年。

（作者单位：北京市地方志办公室）

布政宜敦本 当春乃劝农

——北京中轴线上的祭农文化

张　敏

中国作为农业古国，其辉煌的农业文明成就令世界瞩目。中国自古以农立国，国以土为本，民以食为天，农业是立国之本、生民保障，因而历代统治者都十分重视农业生产。这种重视，除颁布法令保障生产外，确立重农思想以达成全社会的价值认同，并由此达到政治控制与社会整合，是统治者更应该宏观考虑的问题。而祭祀农神则成为历代统治者思想强化与价值引导的重要体现。作为专门祭祀先农神并举行亲耕耤田典礼的北京先农坛，在明清北京城市建筑格局中，位于北京城市中轴线南端西侧，与祭祀上天的天坛呈东西对称分布，仅此一端，重要意义便不言而喻。北京中轴线上的农业祭礼是这一农业古国政治统治、社会治理及文化意识的高度浓缩。

一、祭礼：农业古国的农神崇拜

中国自古以来是一个多神崇拜的国家，而祭礼则成为神灵与苍生的传感方式。中国作为农业大国，对农神的祭祀起源悠远。古代中国以农立国，神灵世界自然也与人们赖以生存的土地五谷息息相关。对农神的祭祀影响着天下的农事，祭农神祈丰收是统治者向全社会传达的重农信息。

农业文明，与西方海洋文明在早期国家政权形成阶段即走了不同的路径。

天时、土地、先辈的生产经验、大量劳动力是农业文明的命脉，相应的对天地神祇、祖先圣贤的尊崇和祭祀就形成国家政治的核心。因此，农业文明不仅崇拜自然，而且崇拜改造自然的英雄，炎帝神农氏当属此列。詹鄞鑫先生认为："祭祀活动从本质上说，就是古人把人与人之间的求索酬报关系，推广到人与神之间而产生的活动。所以祭祀的具体表现就是用礼物向神灵祈祷（求福曰祈，除灾曰祷）或致敬。祈祷是目的，献礼是代价，致敬是手段。"[①]

祭祀的出发点和落脚点是平衡人与人之间的关系，而借助了人与神之间的沟通而增加其神圣性。当然，这不排除在中国古代特定的社会环境与文化氛围下，历代帝王及统治集团对祭祀对象确有发自内心的敬畏与信仰。因为在自然科学并不昌明的古代，超自然力量的存在是被普遍认同的。在这一点上祭祀与宗教有着相类之处，祭祀在一定程度上就是原始宗教时期人与超自然力量的沟通行为的延续，只是在这种延续中被注入了政治统治所必需的内容与目的，即人们在祭祀中油然而生的对权威的敬仰、畏惧和信心，被转化为对君王在世俗社会中绝对权威的认可。上述过程在祭祀先农这一国家祭礼中体现得更自然、更彻底，因为归根到底，农业生产五谷丰登是古代中国的民生所系，是农业社会施政准则的客观需求。

虽然皇帝不可能亲自下田耕种，但是

要为天下人做表率,让天下人知道皇帝首重农事、心系苍生,于是便有了耕耤礼。天子扶犁亲耕的田地称为"耤田",在耤田中举行的以天子亲耕为核心内容的仪式典礼称为"耤田礼"或"耕耤礼"。耤田仪式通常在都城南郊举行,明清以降,皇帝于春初在京师的先农坛祭祀先农,主持耤田礼,亲自扶犁三推,以示天下农事开始,这可以说是帝王重农思想垂范于民的突出体现。

以皇帝身体力行的亲耕作为祭农仪式的重要内容,这在明清北京各坛庙祭祀中似不多见,也使先农之祭有了更多的现实指导意义,闪烁着人性光辉,这是国家祭礼与宗教活动的一个明显不同,国家祭祀活动是以政府行为的方式表达治理"天下"的诚意,以人事为中心,以民生为根本关注对象。

祭神是最虚幻的精神生活,农耕是最实在的物质生产。一个在虚无缥缈的空中,一个在踏踏实实的脚下,两者相去甚远,但实际上关系密切。因为古代中国社会的各行各业都有专门的神灵主宰,或赐福保佑,或干扰破坏。人们敬神的主要目的就是求神灵保佑兴利去害、五谷丰登、发财致富。古代农业也是在神灵掌握之中讨丰收,那些大大小小名称不一的田神、农神、土地神、五谷神都是各地农民们敬畏的神灵,这些神灵构成了一个农业神的王国,享用着农人的劳动果实。几千年的中国古代文明,正是在神与人的交织与联结中演进。作为国家经济命脉的农业生产与农神之祭的关联,从一个侧面向我们展示了这交结中的各种内容。

二、从耤田千亩到一亩三分

上溯到周代,天子扶犁亲耕的礼仪作为国家的一项典章制度即被确定下来,其后虽朝代更迭,却历千年而绵延,及至明清时期随着典章制度的完备而至臻完善。《说文》中解:"耤,帝耤千亩也。古者使民如借,故谓之耤,从耒昔声,通作藉。"《礼记》中即有"天子为藉千亩""天子亲耕于南郊,以供斋盛"的记载。

最早将耕耤田与祭先农合并一处记载始于汉代。《汉旧仪》载西汉天子的耤田礼:"春始东耕于藉田,官祠先农。先农即神农炎帝也。祠以一太牢,百官皆从,大赐三辅二百里孝悌、力田、三老帛。种百谷万斛,为立藉田仓,置令、丞。谷皆以给祭天地、宗庙、群神之祀,以为粢盛。"②东汉的天子耕仪如《后汉书》所载:"正月始耕。昼漏上水初纳,执事告祠先农,已享。耕时,有司请行事,就耕位,天子、三公、九卿、诸侯、百官以次耕。力田种各耰讫,有司告事毕。"③在两汉及其后,也屡有皇帝巡狩期间行耕耤礼于京师之外的记载,但通常情况下,耤田礼在京城的耤田中举行。

两汉以来,耕耤田与祭先农断续见诸记载,时有更张,及至明代则辨析过往,再定典仪。据《明史》记载"洪武元年,谕廷臣以来年春举行耤田礼。于是礼官钱用壬等言:'汉郑玄谓王社在耤田中。唐祝钦明云:先农即社。宋陈祥道谓:社自社,先农自先农。耤田所祭乃先农,非社也。至享先农与躬耕同日,礼无明文。惟《周语》曰:农正陈耤礼。而韦昭注云:祭其神为农祈也。至汉以耤田之日祀先农,而其礼始著。由晋至唐、宋相沿不废。政和间,命有司享先农,止行亲耕之礼。南渡后,复亲祀。元虽议耕耤,竟不亲行。其祀先农,命有司摄事。今议耕耤之日,皇帝躬祀先农。礼毕,躬耕耤田。以仲春择日行事。'从之。"④至于祭享先农与亲耕的关系,似可这样认为:享先农是耤田礼前不可少的祭典,是耤田典礼的一个部分,而耕耤田才是真正的中心内容。

明洪武二年(1369)二月,命建先农坛于南京的南郊,在耤田北,并亲祭。明永乐迁都北京后,在中轴线的南端西侧建山川坛，明万历四年（1576）改称先农坛，清代沿用，耤田就在北京先农坛内。据成书于明天顺五年（1461）的明代官修地理总志《明一统志》载："山川坛在天地坛之西，缭以垣。坛周回六里，中为殿宇，以祀太岁、风、云、雷、雨、岳、镇、海、渎，东西二庑，以祀山川、月将、城隍之神；左为旗纛庙，西南为先农坛，下皆耤田。"⑤这段记载描述了山川坛即先农坛所在位置、坛内主要建筑以及祭祀对象，指出先农坛内有大片耤田，具体田亩面积未提及。在《明史》中记载："永乐中建坛京师……护坛地六百亩，供黍、稷及荐新品物地九十余亩。每岁仲春上戊，顺天府尹致祭。后凡遇登极之初，行耕耤礼，则亲祭。"⑥《明史》中的记载与《天府广记》中记载可相互参详："护坛地六百亩，供黍、稷及荐新品物。又地九十四亩有奇，每年额税四石七斗有奇，太常寺会同礼部收贮神仓，以备旱涝。又令坛官种一百九十亩，坛户二百六十六亩七分。上耕耤田亲祭，余年顺天府尹祭。嘉靖中，建圆廪方仓以贮粢盛。"⑦这两段记载进一步明确护坛地、太常寺额收、坛官、坛户等分别耕作田亩。

至明嘉靖九年（1530），在典章制度改革中将耤田的地亩使用分配、种植种类、收获存放、用途和种子来源都给予明确规定："嘉靖九年，令以耤田旧地六顷三十五亩九分六厘五毫拨与坛丁耕种，岁出黍、稷、稻、粱、芹、韭等项。余地四顷八十七亩六分二厘九毫，除建神祇坛外，其余九十四亩二分五厘六丝四忽亦拨与坛丁耕种。上纳子粒俱输于南郊神廪，以供大祀等项粢盛。十年，户部题准，耤田五谷种子，每亩合用一斗，本部拨银，行顺天府收买送用，以后年分，于收获数内照地存留备用。"⑧至此，我们大致归纳出明代耤田和耤田礼相关信息：耤田中六百

余亩护坛地种植黍、稷、稻等，收获用以品物荐新；九十余亩田地收获由太常寺额收以备旱涝；皇帝亲耕收获存贮神仓以供祭祀粢盛；耤田种子在嘉靖十年（1531）时由顺天府购买，以后逐年种子取自耤田收获。可见，明代的耤田是指数百亩的土地面积，皇帝亲耕并非常举，登极之年的亲耕仪式在其中的核心区域举行。

及至清代耤田情形，据吴振棫所撰清代史料笔记《养吉斋丛录》记载："先农坛围墙内，有地一千七百亩。旧以二百亩给坛户，种五谷蔬菜，以供祭祀。其一千五百亩，岁纳租银二百两，储修葺之需。康熙间，将地拨与园头，粢盛无所从出。雍正元年，命清还地亩，仍给太常寺坛户耕种。"⑨由此推断，坛户所种的二百亩，收获用于祭祀，这片田地当称为耤田。

清代，皇帝亲耕次数较前有了大增加。从雍正二年（1724）起至雍正十三年（1735），雍正皇帝皆亲赴南郊致祭先农，亲耕耤田。乾隆在位六十年，亲耕次数达到二十八次。天子亲耕与诸王九卿从耕的播种品种也有明确规定："顺治十一年，……题准：耕耤前一日，顺天府以龙亭三，载躬耕耒耜、鞭、稻种青箱；以彩亭四，载诸王从耕麦种、谷种青箱；九卿从耕豆种、黍种青箱，至午门外停止。"⑩自清顺治十一年（1654）首开清代帝王行耕耤礼时，即定制在耕耤礼中，天子播稻种，诸王播麦种、谷种，九卿播豆种、黍种。皇帝亲临先农坛频率增加，除修缮坛区外，皇帝亲耕的礼仪规制也更加严谨完善，其中涉及到皇帝亲耕之田——"帝耤"的概念。《清会典事例》中如是记载："凡耕耤之礼，置耤田于先农坛之东南，中为帝耤，筑台于耤田北，为皇帝观耕之位。"⑪在《光绪朝会典图》中载："观耕台方五丈，高五尺……台前为耤田一亩三分。"⑫此时的耤田已明确指为观耕台前的一亩三分地，皇帝亲

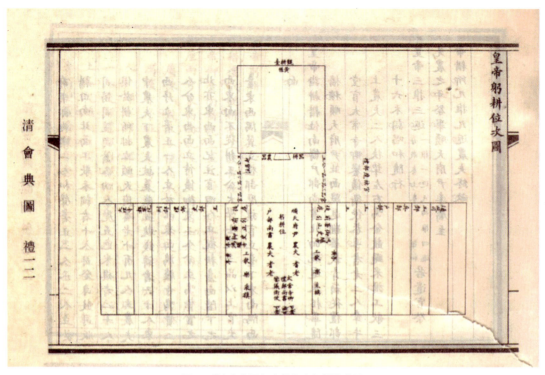

图一 《清会典图》中的皇帝躬耕位次图

耕耤田，又称为"帝耤"。《清会典》卷七四载："既获，则告成，乃纳帝耤之实于神仓，供粢盛焉。玉粒告成，由顺天府以稻、黍、谷、麦、豆之数具题，交钦天监择吉藏于神仓。"

这一亩三分地是否全部由皇帝耕种呢？《清会典》卷三五载："亲耕之田，长十一丈，宽四丈。"意即在这一亩三分地（按清制折算，约800平方米）中亲耕面积为长十一丈、宽四丈的面积（按清制折算，约450平方米）。一亩三分地中除亲耕以外的地方用来放置稻种彩亭、工歌、彩旗等仪仗，而在一亩三分地东西两侧一字排开的是王卿、六部官员从耕的田亩（图一）。从古制天子的耤田千亩以供粢盛到昔日皇帝的一亩三分以示敬农，跨越了数千年。

三、一亩三分 擘画天下

先农神是我国古史传说中最早教民耕种的神者，代表人物是炎帝神农氏。

《白虎通义》中说："古之人民皆食禽兽肉。至于神农，人民众多，禽兽不足。于是神农因天之时，分地之利，制耒耜，教民农作，神而化之，使民宜之，故谓之神农也。"[13]这一对神农氏功绩与作用的描写非常符合国家对祭祀对象的认可标准。将祭祀活动以文本的形式载之于册，成为国家规定的典章制度，即为祀典。为什么制定祀典、祀典的制定原则及对入祀对象的认定标准在《国语》中讲道："夫祀，国之大节也；而节，政之所成也。故慎制祀以为国典……夫圣王之制祀也，法施于民则祀之，以死勤事则祀之，以劳定国则祀之，能御大灾则祀之，能捍大患则祀之。非是族也，不在祀典。"[14]由此看，祭祀不仅关注鬼神，更是对人事的关照与注重。神农氏以劳定国，以致人民生息繁衍，当是国家祀典所载，成为国家祭礼无疑。所谓国家祭祀，系指由各级政府主持举行的一切祭祀活动，其中既包括由皇帝在京城举行的一系列国家级祭祀礼仪，也包括地方政府举行的祭祀活动，因为相对于民间社会而言，他们就意味着国家。就祭祀的目的而言，这种活动不是为了追求一己之福，而是政府行使其职能的方式，本身具有"公"的性质[15]。可见国家祭祀不仅仅是程序化的仪式展示，更是以具有象征意义的仪式活动来实现某些实际社会治理功用，其行为具有明显的现世取向。

祭祀先农的主旨是中国古代农业社会皇权至上的特质在精神层面的意识强化。古代中国是典型的农业国家，"务农为百业之本"——这是最根本的社会认同。这种社会认同需要统治者以象征性的政治仪式来不断加以强化，即如祭祀先农。汉文帝曾下诏："农，天下之大本也，民所以恃以生也；而民或不务本而事末，故生不遂，朕忧其然，故今兹亲率群臣，农以劝之。其赐天下民今年田租之半。"[16]历代统治者在倡导的同时，还要借重仪式性的表演使古代中国社会的这种核心价值观予以延续。祭祀礼仪是神圣的，祭祀对象的选择标准与现实社会中权力、经济或文化结构等具有对应关系，正如祭祀先农对应了农业社会的经济结构。因此，献祭在获得心理慰藉与寄托的同时，也因为对应关系的转化而实现了对社会结构的认可和归附。

从统治者的角度出发，农业社会必然需要一个强有力的中央政权，皇权必须凌驾于一切。表面看来，皇帝在举行祭祀典礼时是万般虔诚的，在竭力维护神祇的神圣，但是作为人神沟通的使者，借助仪式威严的外在形式最终突出的是主祭人的皇权至上，使人们在祭祀仪式的庄严肃穆中产生对皇权的服从和恭顺，因而实现从对神祇祭祀到对皇权敬从的转化。这一层面的心理调适是各项国家祭礼中普遍存在的，是统治者主观的意识强化。

祭祀先农的具象行为真实描述了农业社会春耕秋收的自然图景。在中国传统的农业社会中，男耕女织是亘古不变的基本社会经济格局。举行皇帝亲耕与皇后亲蚕祭礼的目的，一是肯定农业生产在社会生活中的重要地位，希望借助象征性耕作仪式的效力保证岁稔年丰；另一方面也力图建构一个以王朝政府为主导的社会秩序。祭祀先农来源于古代农业生产的实际过程，因此它在实施社会引导与整合过程中的作用就更为明确与具象，仿佛是一次次真实重现着普天之下的耕作景象。先农之祭作为国家祭礼，虽然参与的社会民众不多，但这种祭祀所传递的信息却是最近民意的。在河北武强县的年画中就出现皇帝如农夫般耕种、皇后如农妇般送饭到田间地头的形象，并配有"二月二龙抬头，天子耕地臣赶牛，正宫娘娘来送饭，五谷丰登太平秋"的质朴文字。这一方面体现出普通民众无缘国家祭礼、无法想象祭祀的庄严和神圣，因而略带滑稽的演绎，另一方面正说明这种国家祭礼与社会生活的紧密联系，以皇权加神权的礼仪形式再现了真实的社会生活。

北京先农坛是中国封建社会发展到顶峰，其农业文明居于国家经济文化首要担当地位的鲜明体现。当历史浓缩为一座建筑的记忆，映射出的是中国农业文明坚实而稳定的发展道路，是中国悠久的重农传统，是今天我们坚定弘扬的先农文化主旨。它体现的是历史的延续性，是引导我们回望历史起点的清晰路径，是记载农业文明发展历程之艰辛的历史实证，更是我们在今日加强对农业传统的尊重，展望农业大国美好未来的信心和底气！

①詹鄞鑫：《神灵与祭祀——中国传统宗教综论》，江苏古籍出版社，1992年，第172页。

②王先谦撰、黄山等校补：《续汉志集解》卷四，《续修四库全书》第273册，上海古籍出版社，1996年，第517页。

③（南朝宋）范晔撰、（晋）司马彪撰：《后汉书·礼仪志上》，岳麓书社，2008年，第1152页。

④⑥（清）张廷玉等撰：《明史》卷四十九《礼志三》，中华书局，1974年。

⑤（明）李贤等撰：《明一统志》卷一。

⑦（清）孙承泽撰：《天府广记》卷八，北京古籍出版社，1982年。

⑧（明）申时行等撰：《明会典》卷五一，中华书局，1989年。

⑨（清）吴振棫：《养吉斋丛录》卷八，北京古籍出版社，1983年。

⑩⑪《清会典事例》卷三一三，中华书局，2012年。

⑫《光绪朝会典图》卷十二。

⑬（汉）班固撰：《白虎通义》卷上，《影印文渊阁四库全书》，第八五〇册，中国"台湾商务印书馆"，1986年，第7页。

⑭《国语》卷四《鲁语上》，《展禽论祭爰居非政之宜》。

⑮雷闻：《隋唐国家祭祀与民间社会关系研究》，北京大学2002年博士学位论文。

⑯《汉书》卷四《文帝纪》，中华书局，1962年，第118页。

（作者单位：北京古代建筑博物馆）

社稷坛（中山公园）整体保护理念与措施的研究

盖建中

社稷坛是皇帝祭祀太社神、太稷神的场所，是皇权王土和国家收成的象征①。北京社稷坛（中山公园）位于天安门西侧，占地面积23.8公顷。明永乐十八年（1420），按《周礼·考工记》"左祖右社"营国定制，建于阙右门之西。其规制悉如南京。清定鼎北京后，社稷坛坛制、祭祀均沿用明制。

1914年10月10日，在北洋政府内务总长朱启钤主持下社稷坛被辟为公园，初称中央公园，是当时北平第一座公共园林。1928年，为纪念孙中山先生，社稷坛改名为中山公园。作为由明清祭坛辟建的公园，除较好地保存了祭坛等遗迹外，中山公园先后兴建了唐花坞、蕙芳园等一批园林景观景点，移建了习礼亭、青云片等名亭、名石。1988年，经国务院批准，社稷坛被列为全国重点文物保护单位；2002年，中山公园被评为北京市第一批精品公园；2009年，经中华人民共和国住房和城乡建设部批准，被评为第三批国家重点公园；2011年被评为AAAA级景区。

2017年，《北京城市总体规划（2016年—2035年）》的公布，对北京城市定位、老城整体保护、中轴线申报世界文化遗产都提出了新要求。社稷坛（中山公园）是北京中轴线14个遗产点之一，为进一步保护和传承社稷坛（中山公园）的价值，发挥公园的多重功能，应对新的机遇和挑战，应当充分认识、坚持运用整体保护理念，系统梳理公园整体保护对象及保护现状，分析查找薄弱环节，尝试探索一条适合公园未来发展之路。

一、整体保护理念的提出背景

中山公园是明清坛庙园林中的杰出代表，是北京城内第一个公共园林，其历史地位和社会价值都较高。如何对这样一个有着丰厚历史底蕴的城市公园进行保护、发展和利用，是摆在相关工作人员面前的一项课题。坚持"客观、发展"的眼光是破解的方法和出路。

坚持客观认识历史、客观认识现状是整体保护理念提出的前提。中山公园历经明、清、民国、新中国等时期，是祭坛，又是公园，这两者之间曾是有矛盾的。祭坛，是人类历史发展的产物，是迄今发现的人类最早的建造物之一，蕴含了人类对自然的认识过程及惧怕、敬畏与崇拜等。无论在东方或西方，最初人类对自然的敬仰之情是有着共通之处的。天、地、日、月等被赋予了拟人化的"灵魂"却又高于人类，被人类所膜拜。祭坛就是人类进行这种膜拜活动的构筑物。国家祭祀秉承了中国传统文化与国家礼制的双重影响，经历代继承与发展，是中国五千年文化中的重要组成部分，也充分展示了古代封建帝王"皇权神授""天人合一"的至高无上地位。国家祭祀的出现推动了祭坛建筑的衍生与祭坛园林的发展。

公园，则是为城市居民提供室外

休息、观赏、游戏、运动、娱乐，由政府或公共团体经营的市政设施，其特点在于公共性。随着1914年中央公园的开放，祭坛和公园这两个不同概念的实体结合在了一起。经过百余年的建设，坛园融合，高度统一。坛是园之根，园是坛之魂。没有社稷坛，中山公园恐怕出现不了，没有中山公园，社稷坛不可能得以保护和利用。这一观点在规划编制过程中不断被提及和深化。

坚持用发展的眼光看待中山公园的保护和利用是整体保护理念的基石。现在中山公园已经不是祭坛，但又不能抛开祭坛来建设和发展。一些同志一提保护就怕把公园的内容否定，一些同志一提保护就只强调祭坛的文物价值要得到认可，这两方面都只看到了中山公园的一个方面，缺乏发展的眼光。发展不能等同于盲目建设，保护不等同于拘泥规矩。整体保护理念正是发展和保护之间的最佳切合点。

二、整体保护理念的内涵和意义

整体保护理念包括两层含义。第一层含义强调对中山公园的文物建筑及其环境进行整体保护，协调两者的关系，使之能充分展示历史的格局和面貌，达到文物保护的真实性、完整性要求，强调除了建筑实体以外还应注重环境的保护；第二层含义强调对"明清时期""民国时期"及"中华人民共和国时期"三个层面上的主体信息进行整体保护，协调三者之间的关系，做到主次分明、结构清晰。整体保护理念不否认后代建设者对前人的改变，但这种改变必须是有价值的，并且不影响后人对保护对象本体的认识②。

上述文字摘自《中山公园总体规划》第四章和规划说明有关内容。笔者是这样理解这一段文字的：

第一，中山公园作为坛庙园林的代表之一，是中华传统文化的宝贵遗产，

对它的保护不能只限于个别建筑实体，还应该包含建筑实体周边的环境。中国古典园林是集建筑、园艺、山水于一体的诗画园林，它反映了古代造园家自身的历史背景、学识水平，以及当时的社会经济和工程技术水平，体现了古人的自然观、人生观、世界观的变化，蕴涵了儒、道、佛多种哲学思想。1982年，国际古迹遗址理事会（ICOMOS）颁布的《佛罗伦萨宪章》③（The Florence Charter）中提出："'历史园林（Historic Gardens）指从历史或艺术角度而言民众所感兴趣的建筑和园艺构造。'鉴此，它应被看作是一古迹。"我国建设部于2002年10月1日批准、发布的《园林基本术语标准（CJJ/T91-2002）》④提出了"历史名园（historical garden and park）"概念，即"历史悠久、知名度高，体现传统造园艺术并被审定为文物保护单位的园林"。无论是"历史园林"还是"历史名园"，都是对园林遗产的保护性定义和称呼。历史园林强调古迹原貌的恢复和再现，注重文化内涵和历史意义的挖掘与展示。

研究北京明清祭坛园林保护，就不得不从北京与我国祭坛发展的关系入手。自元朝建都于北京开始，国家祭祀从元、明、清时期发展完善到达顶峰，并在这一时期保存了众多宝贵的历史文化遗产。历代国家祭祀多在都城附近举行祭祀仪式，设有固定场所。北京作为元、明、清三代古都，保存与继承了元、明、清时期完善的国家祭祀内容，成为见证历史时期祭坛与封建礼制发展的载体。祭坛也成为古都北京拥有的众多元、明、清时期历史古迹之中灿烂的瑰宝。北京祭坛园林不仅折射出我国国家祭祀文化的重要内涵，同时也闪耀着中国传统文化与礼制文明的光芒，更是世界遗产中不可多得的精神与物质财富，亦具有极高的园林价值。

通观北京祭坛园林，保存至今的原址共七处，并具体分为九坛。民国至新中国成立后，这些祭坛中的大部分都在原址

上改建为城市公园，如中山公园等。2013年9月，北京坛庙文化研究会成立，作为会员单位的工作人员，笔者有幸先后走访了天、地、日、月、先农、先蚕等祭坛园林，感受与了解到北京祭坛园林在当代保护与利用的同时，祭坛的保护不可能与其周边环境割裂，只保护一个祭坛和几组建筑，而应把有形的物质载体与无形的精神载体一同加以保护。

祭坛园林中古建筑别具一格、内涵丰富，是研究古代祭祀制度的建筑实例。建造祭坛有统一的规划和周密的设计，形制特殊，整体性很强，其择址、形制和构件色彩具有明确的专用性。这些都应作为保护和建设中重视的因素。

第二，不否认后代建设者对前人的改变，但这种改变必须是有价值的，并且不影响后人对保护对象本体的认识。现在有一种观点，怕被否定，认为自己做的建设都是科学的，自认为有依据，这样的观点似乎有些狭隘。前人留下的园林、山水、建筑经过了上百年的演变，有着浓厚的人文主义色彩。后人的改变应建立在对前人理解、分析、判断的基础上。整体保护理念强调不否认后人的改变，但这种改变不能影响到后人对前人所作的认识。整体性保护原则尊重、理解各个历史时期的改变，但改变本身应不影响人们对文物本体本来面目的认知，且这样的改变是有价值的。

三、社稷坛（中山公园）整体保护现状分析

我们调研收集了园内驻园单位情况、基础设施建设、文物古建保护等方面现状资料百余份；先后4次组织园内实地调研，拍摄照片600余幅；通过座谈结合走访的形式，实地调研天坛公园、地坛公园、日坛公园等单位文物保护、绿化养护、综合管理等方面情况，拍摄照片近300幅，并收集整理调研资料10余份

（册）；收集法律法规类、文件类及文献类资料60余份。

经过查阅现存资料，多次调查社稷坛（中山公园）内文物建筑及历史遗存保存质量现状、实际使用情况，并依据《实施保护世界文化遗产与自然遗产公约的业务指南》《遗产公约指南》《北京文件》等文件内容，对其真实性、完整性进行评估，完成《北京社稷坛（中山公园）保护现状评估报告》。

城市公园是面向公众开放，为人们提供休闲娱乐、健全生态、美化环境、防灾减灾传播文化等多功能为一体的绿化用地。中山公园作为城市公园，这一职能的主要服务对象是北京市民；同时，社稷坛作为全国重点文物保护单位，也吸引了一部分外地游客。为摸清公园作用发挥方面目前存在的问题，找到问题形成的核心原因，2017年6月至7月，组织专人对公园标牌、座椅等公共服务设施进行了现场调研；8月至9月，先后5次在不同时段、园内不同地区随机选取不同年龄的游客，发放游客满意度调查问卷，共计发放问卷110份，收回有效问卷105份。经调查统计：

在"来园游客对公园哪一个景点印象深刻"的调查中，回答五色土祭坛的占比38%，中山音乐堂的占比34.3%，其他如保卫和平坊、怡乐厅等景点分别占比不足10%。

在游客印象中，认为中山公园以孙中山先生纪念文化最为闻名的占总调查人数的60%，认为以明清社稷祭祀文化最为闻名的仅占总调查人数的21.9%。在关于游客最喜爱的展览类型的调查中，则以绿植花卉类为主，占到总调查人数的73.3%，对于公园历史沿革类展览感兴趣的游客仅占比不足22%。从分析看，公园核心文化由于历史原因逐步淡化，历史风貌不够清晰，社稷文化展示特点不够鲜明。

中山公园因地处天安门地区，相当长一段时间是北京市民及外埠游客最方便

参观的景点，但是随着城市交通的更加便利，人民生活水平的提高，周末自驾游、短途游，甚至"双城生活"的出现，加之公园周边公共交通情况变化（南门外有地铁及公交线路，西门外仅一条公交线路，东门外无公交线路，且三个门区均无公共停车场），且公园周边已无居民，使固定游客群减少。通过游客抽样调查发现，偶尔或首次来园参观的游客占比为85.7%，其中主要目的为游览故宫、天安门等，来园只是路过的游客占比为74.3%。从分析看，区位环境和地理位置的特殊性已经成为直接导致游客游览需求下降的重要因素，公园虽拥有丰富的文化资源，但其吸引力在逐步下降。

四、社稷坛（中山公园）实施整体保护措施的思考

（一）社稷坛（中山公园）整体保护目标

社稷坛（中山公园）作为北京市重要的历史文化资源，其明清时期文化遗产价值是最高的。与之对应的，这一时期的文化遗产价值载体的保护要求最严格，需遵照世界文化遗产申报的要求实施保护管理的各项措施。

社稷坛（中山公园）位于长安街、中轴线，是首都政务、文化核心区中重要节点。首先，公园要为党和国家重大政治活动提供稳定安全的环境保障。其次，中山公园核心文化品牌是社稷文化，历史名园的特色主要应集中体现在明清社稷坛时期。再次，充分发挥公园绿地生态价值，改善微环境，为游客提供优美、优质的城市园林。

社稷坛（中山公园）拥有历史、文化、科学、艺术、生态、社会等多重价值，是具有资源保护、科学研究、公共教育、服务首都政治活动、纪念孙中山先生、游览游憩等多重功能的历史名园。其保护工作目标是：社稷坛（中山公园）文

化遗产真实性、完整性逐步实现，尽可能恢复社稷坛历史格局，继续挖掘、呈现中山（中央）公园历史和文化价值，展现近现代北京城市发展脉络。

（二）社稷坛（中山公园）整体保护策略

1. 文物及其环境保护

按照评估结论，依据文物保护真实性、完整性原则对社稷坛（中山公园）所有遗产价值载体实施保护。尽可能减少对文物本体的干预，确保文物的真实性、完整性和延续性。建立文物预防性、周期性保护常态化机制。加强日常保养，预防灾害侵袭。提升馆藏、露陈文物保护管理水平。

2. 景观环境整治

开展内坛景观综合整治。采取逐步将绿化重点外迁，精细化管理植物，降低植物高度，压缩密度，使得内坛尽可能靠近历史原貌。达到植物、建筑和谐，南、东、西坛门至祭坛三条视觉景观通廊建立良好的对视关系。外坛则延续民国时期的山水格局，运用园林植物色彩、形态、生态的搭配，结合夜景照明等多种手段，按照春夏秋冬不同季节的特色，合理选择观花观叶植物，创造宜人的园林植物景观。

3. 文化资源展示

充分挖掘、深入研究、有效展示北京社稷坛（中山公园）各个历史时期文化、艺术、社会价值，充分展示其精神内涵和哲学思想。继续做好兰花等优秀品种引种繁殖，丰富公园传统花卉品种和数量，加强交流与合作，提升现有展览品质，突出特色，提升品位。

（三）社稷坛（中山公园）整体保护措施建议

遵循整体保护原则，基于保护策略研究结论，分别从文物及其环境保护、公园景观环境、文化价值展示三个方面，对社稷坛（中山公园）保护管理工作提出以下措施建议。

1. 文物及其环境保护措施

社稷坛（中山公园）文物保护对象包括所有的价值载体，按照不同历史时期划分为三个重点：明清社稷坛为保护的第一重点，它包括了社稷坛礼制建筑群、社稷坛祭祀空间布局、附属纪念物及古树名木，要按照"北京中轴线"申遗提出的保护管理标准和要求执行；民国时期文物遗存为保护的第二个重点，范围与中山公园现状范围基本一致，文物遗存分布集中在内坛墙与外坛墙之间，包括建筑、园林和附属纪念物；新中国成立后的物质遗存为保护的第三个重点，包括1949年后建造的具有保护价值的园林建筑及其环境和附属纪念物。

2. 景观环境整治措施

内坛景观应重点突出社稷坛礼制空间序列及轴线，以保护延续内坛历史景观为改造目标；保留新中国成立后新建愉园、蕙芳园并进行适当调整，改造提升其景观环境，使之与内坛区域的整体氛围和谐统一。

外坛区域应延续"依坛造景"的营建原则，并提高景观观赏性。在整理、保存并展示1914年后作为公园营建的重要建筑及园林景观基础上，保养维护水榭、唐花坞、来今雨轩旧址、董事会旧址等民国建筑集中区域景观。改建景区，要注意与周围环境相协调，并注重设计细节以人为本，统筹景区建筑、植被及服务设施。要加大古树保护力度。

3. 文化资源展示措施

通过有效手段真实并完整地展示中山公园三个历史时期的文物及文化资源和价值，阐释三个时期相互叠加的文化价值之间的关联，使游客能够全面了解中山公园各时期的资源和价值。

社稷坛（中山公园）承载着厚重的历史和文化价值，是反映中华民族农耕文明，展示北京古都历史文化脉络的一个截面。各个历史时期所形成的文化资源层层叠加，且每一个时期的文化资源都具有独特的价值，并共同构成了社稷坛（中山公园）的价值主体，其建设过程本身即是文化的延续与传承。如何在首都建设全国文化中心、中轴线申遗进程加快的大背景下，理解把握社稷坛（中山公园）的文化价值、遗产价值，将一个完整的社稷坛交给下一个600年，对中山公园管理处提出了极高的要求。

---

① 亚白杨：《北京社稷坛建筑研究》，天津大学2005年硕士学位论文。

② 北京市中山公园管理处：《中山公园总体规划（2017—2035）》《社稷坛（中山公园）文物保护规划（2017—2035）》。

③ 《佛罗伦萨宪章》，1982年，国际古迹遗址理事会（ICOMOS）颁布。

④ 《园林基本术语标准（CJJ/T91-2002）》，中华人民共和国建设部2002年10月11日公布。

（作者单位：北京市中山公园管理处）

中轴线上的农业——北京先农坛的耤田活动

郭 爽

古代中国是一个以农业为传统经济的国家，几千年的文明史中，蕴含着农业经济发展的历史。先民也不断地从现实生存的需要出发，不断实践着对于自然环境的创造性开发和价值利用。北京先农坛的耤田遗址是中国古代天子亲耕农田"以为天下先"的礼仪活动区，具有独一无二的历史文化价值，并承载着丰富的历史信息，意义特殊。

北京先农坛始建于明永乐十八年（1420），是明清两代皇帝祭祀先农、举行亲耕耤田礼的场所，距今已有600年历史。先农坛历经风雨沧桑，已从为帝王服务的坛庙转变为广大人民群众参观游览及开展文化活动的场所。今天北京先农坛已经成为南中轴线上的一颗明珠，其中明清耤田遗址就这样作为"中轴线上的农业"展现在今人眼前。

一、耤田的由来

耤田，耤音同"集"，《史记》中又作"籍田"，《汉书》《旧唐书》等作"藉田"，明清以后多写作"耤田"。本义是耕作，后引申为借民之力耕田。"耤田"最原始的含义与井田制是密不可分的。井田制是中国最古老的一种土地制度，早在商代便已存在，但直到西周才臻于完善。它为周天子所有，分配给庶民使用，由公田与私田构成，因耕地划作井字形而得名。整块土地分为九块，中为公田，周为私田（见图一）。《周礼》中这样描述井田制："孟子曰：请野九一而助，国中什一使自赋，卿以下必有圭田，圭田五十亩，余夫二十五亩，死徙无出乡，乡田同井……方里而井，井九百亩，其中为公田，八家皆私百亩，同养公田，公事毕，然后治私事。"[①]大意是：将九百亩土地划为九块，每块一百亩，由于形状像"井"字，因此叫作"井田"，并且实行八户人家共同耕作中间的一百亩公田，每家均有一百亩私田，先共同在公田中劳作，完毕后才可耕种自己的私田。

在《说文解字》中对"耤"是这样解释的："帝耤千亩，古者使民如借，故谓之耤。"意为耤田是天子的祖宗产业，在井田制度下称为"公田"。公田因要依靠借助私力才能完成农事，所以又称耤

图一 井田图（作者绘制）

（jiè）田，这就是耤田的真正含义。

二、耤田礼的由来

早在周朝，作为一个以农业为生的民族，周人非常重视农业生产。上到统治阶级，下到庶民百姓，无不如此。为巩固周天子的统治地位，也为鼓舞周人的劳动热情和夺取丰收的信心，周天子每年都会带领臣子和庶民在天子的耤田里躬亲耕作，并形成一套相应的礼仪——耤田礼。《研经室集》中描述耕耤礼的情形："耕耤之礼，必躬亲者，《礼记·月令》天子乃择元辰，躬耕帝籍，《春秋外传》曰，民之大事在农，上帝之粢盛于是乎出，食为民天，民为国本。"②一年农事活动都将开始于早春。在春耕劳作开始之前，要进行周天子的耤田礼，以此来作为春耕开始的标志。周天子的耤田礼被后世作为制度之始，因"帝耤千亩"，这块特殊的田地，也被后世称为"帝耤""千亩"，一直沿用至清亡。

《诗经》和《礼记》中也有大量反映西周时期"耤田礼"的文字。这些文字帮助我们梳理出"耤田礼"的起源、功能、仪式程序及其所蕴含的思想观念。这对后世探讨古人的农耕生活有着重要意义。例如《周颂·噫嘻》："噫嘻成王，既昭假尔。率时农夫，播厥百谷。骏发尔私，终三十里。亦服尔耕，十千维耦。"③大致意思是这样的："周天子祭祀自己的先祖，之后率领农夫播种百谷，他们要在一天之内把方圆三十里的良田都耕种完成，农夫们两人一组在田野上忙碌。"这是一首周天子祭祀上帝并亲耕以求丰年的欢乐乐歌。在这一天周王举行盛大的祭祀典礼，在耤田礼上大家共同耕作的场面，也表现出周人重视农业的传统，并从另一侧面描绘了人们祈告天帝求丰年的心情。又如《礼记·月令》："（孟春三月）是月也，天子乃以元日祈谷于上帝。乃择元辰，天子亲载耒耜，措之于参保介之御

间，帅三公九卿诸侯大夫，躬耕帝耤。天子三推，三公五推，卿诸侯九推。返，执爵于大寝，三公九卿诸侯大夫皆御，命曰劳酒。"④此段所述的是耤田礼举行的当天，天子先祈谷于上帝，然后亲自持耒耜并率领三公九卿和诸侯大夫们，在耤田中耕种劳作的场景。耕种过程中，天子先耕，然后由三公、九卿再耕，耕种完成后，要犒劳参加劳动的臣子，赐酒等。再如《周颂·载芟》这首："载芟载柞，其耕泽泽。千耦其耘，徂隰徂畛。侯主侯伯，侯亚侯旅，侯强侯以。有嗿其馌，思媚其妇，有依其士。有略其耜，俶载南亩，播厥百谷……为酒为醴，烝畀祖妣，以洽百礼。有飶其香。邦家之光。有椒其馨，胡考之宁。"⑤这首诗是耤田礼中祭祀神明的一首乐歌。详细描写了春耕的忙碌和谐场景，想象着秋天丰收后的喜悦，充满了生活的情趣。同时有关耤田礼的描写也出现在诗中。统治者亲载耒耜始耕于向阳的南亩之地，播下希望的种子。种子种在了地里，但希望却种在了人们的心里。充满生命力的种子发芽生长，庄稼长势良好，所以收获丰盛，粮仓满满。这里似乎是作者的想象，看到种子播下，就联想到未来的丰收。进而描写丰收后的祭祀神祖活动，这也是耤田礼的一个环节。伴随着丰盛的祭品，香味远播的样子，粮食的丰收也能让老人长寿安宁，尤其突出人们丰收后祭祖的热情和喜悦。因此，这短短一首乐歌中就包含了一整年的农耕情况，亦展现出一个完整的耤田礼过程。

三、北京先农坛耤田

我国自古以农立国，极重农事，与之相关的礼仪颇多，先农坛即是为祭祀农耕文化的创始者神农氏而设。对神农氏设坛而祭，是由古时祀田祖于耤田之制演变而来，而与祭祀先农紧密相关的是耤田礼。耤田礼和祭先农都是为了强调农业在国家政治经济中的重要性，西汉开

始，二者合为一，先农坛与耤田紧密结合在一起，耤田享先农成为历代统治者遵行的一项传统农事，沿袭至清亡。

北京先农坛是明清两代皇帝祭祀先农并举行亲耕耤田典礼的地方，先农坛内的耤田是重要的历史文物景观。作为重要的国家祭祀场所，北京先农坛自明永乐十八年始建至今，已经历近600年的风雨。

图二 北京先农坛耤田历史景观展示现状（作者拍摄）

今天回望这处历尽沧桑的坛庙建筑，作为明清时期北京皇家祭祀建筑的重要遗存，有太多的故事发生，有太多的人驻足于此。它不仅是华夏民族重农固本思想的传播载体，也是今人挖掘历史文化内涵，还原本真的重要研究对象。

自明成祖朱棣迁都北京，坛庙建筑悉仿南京旧制，《大明会典》中与耤田相关的描述如是："国初建山川坛于天地坛之西。正殿七间，祭太岁、风、云、雷、雨、五岳、五镇、四海、四渎、钟山之神。东西庑各十五间，分祭京畿山川、春夏秋冬四季月将及都城隍之神。坛西南有先农坛，东有旗纛庙，南有耤田。"可以看出，耤田在整个先农坛的南部。清代康熙朝的《大清会典》中也明确记载了耤田位置："先农坛，在神祇坛之西南，其东为耤田，皇上举耕耤礼，则行亲祭，其每年常祀，定于春二月遣官行礼，兹分列之。顺治十一年二月，皇上行耕耤礼。"⑥清代北京先农坛内，耤田的位置为先农坛的东侧。《清史稿》中对于北京先农坛耤田的位置做了更详细的描述："天神、地祇、先农三坛，制方，一成，陛皆四出，在正阳门外，先农坛位西南，周四丈七尺，高四尺五寸，东南为观耕台，耕耤时设之，前耤田，后具服殿，东北神仓……"⑦北京先农坛内东南部为观

耕台，前面即为耤田，后面为具服殿，东北为神仓。

今天根据对北京先农坛耤田遗址近800平方米的考古发掘，清理出明清耤田的礼仪活动区和耤田的活动范围以及一个八角形的建筑基址。礼仪活动区范围的确定是此次考古发掘的重要发现。从发掘的情况看，礼仪活动区的南边界已清楚。从观耕台南台阶下计算宽6.5米，东、西两侧范围尚无定论。根据考古工作报告、历史研究结果及相关规划等无法做到全面恢复明清耤田原貌，因此目前只在用地范围内对明清耤田进行部分恢复并设立历史景观展。根据考古发掘报告结合《光绪朝会典图》中"观耕台方五丈，高五尺……台前为耤田一亩三分"的历史记载，最终确定耤田历史景观展示用地约800平方米，除了景观展示外，还配合后期进行社教活动及室外展览之用，自此今天的北京先农坛明清耤田遗址以它丰富的历史价值为今人所用。

四、明清统治者与耤田

在以农立国的封建时代，历朝帝王都将农业置于重要地位，农事丰歉关系着经济兴衰，直接关系着一个王朝能否长治久安，因此皇帝每年在先农坛耤田里的亲耕

活动就成为了国之表率，以此来显示朝廷提倡农事，关心民生。耤田和帝王之间有着千丝万缕、密不可分的关系。在这一亩三分地上，历史绵延，朝代更迭，人们却不断上演着一幕幕恤农、悯农的故事，亦通过重农务耕的政策表现出一个国家治国理国的政治思想。

统治者举行耤田礼时的一些外在因素能够看出耤田礼历朝历代的发展演变。

如皇帝亲耕服饰在几个时期的演变和明清两代皇帝来先农坛的次数，如（表一、表二）所示。

清代时，皇帝亲耕的礼服则已发展为以龙袍为主，龙袍上绣有沿自周天子祭祀礼服的十二种图案，被称为十二章，每种图案都代表了不同的含义，如（表三）所示。

表一 皇帝亲耕服饰演变

周代	汉代以后	明代	清代
鹿皮皮弁服	以当代衣着为主	由皇帝衮冕到明代专属皮弁服	龙袍

表二 明清两代皇帝亲耕（遣官代耕）北京先农坛统计表

明代				
年号	在位年限	亲耕次数	遣官代耕次数	亲耕概率
永乐	22	0	17	0
洪熙	1	0	0	0
宣德	10	0	9	0
正统	14	0	13	0
景泰	7	1	6	14.3%
天顺	8	0	7	0
成化	23	1	18	4.3%
弘治	18	1	16	5.6%
正德	16	1	12	6.3%
嘉靖	45	2	28	4.4%
隆庆	6	0	4	0
万历	48	1	7	2.1%
泰昌	1	0	0	0
天启	7	0	3	0
崇祯	17	1	0	5.9%
清代				
年号	在位年限	亲耕次数	遣官代耕次数	概率
顺治	18	1	7	5.6%
康熙	61	1	59	1.6%
雍正	13	12	1	92.3%
乾隆	60	28	30	46.7%
嘉庆	25	21	5	84%
道光	30	17	13	56.7%
咸丰	11	6	5	54.5%
同治	13	0	12	0
光绪	34	14	15	41.1%
宣统	3	0	3	0

（根据《明实录》《清实录》整理）

表三 根据《永乐大典》整理耤田服装纹饰与意义

纹饰	代表意义
日	太阳
月	太阴
星辰	周天之星
山	山川地祇
龙	遨行天地
华虫	凤鸟
火	光明与热
宗彝	一种长尾猿猴
藻	水草
粉米	白色米形图案，寓意食无忧
黼	半黑半白花纹，寓意趋善远恶
黻	左青右黑的斧形图案，寓意果断

表四 嘉靖皇帝对先农坛的变革

时间	变革
嘉靖九年（1530）	将山川坛更名为神祇坛，一直沿用到万历四年（1576）。
嘉靖十年（1531）	将风云雷雨及岳镇海渎诸神迁出内坛，在内坛南门外增设天神、地祇二坛。
嘉靖十一年（1532）	下令建神仓以贮粢盛。

（根据《明史》《明会典》整理）

（一）嘉靖皇帝与先农坛耤田

嘉靖皇帝在即位之初，因生父尊号问题引发了明代大礼议的讨论，并延续至祭礼改制阶段。在此阶段，与先农坛相关的典章制度改革都有着详细的记载（表四）。在先农坛历史上，永乐始建、嘉靖改建、乾隆增建这三次大的变革中，嘉靖时期尤为重要，为先农坛的发展和定型奠定了坚实的基础。

文献中嘉靖皇帝关于耤田的记载也不胜枚举，例如《国朝典故》中记载嘉靖皇帝对于耤田礼思想内涵的认识如是描述："（嘉靖）初，亲耕礼成，礼科给事中王玑言，'耕耤实务有四：一供粢盛，二知稼穑艰难，三慎锡财用，四率公卿百官皆重农，以风示天下，使知务本。上是其言。'"⑧还有嘉靖九年时，文献中对于耤田种植的规范和种植种类、收获存放、用途及种子来源的描述也比较详细："嘉靖九年，令以耤田旧地六顷三十五亩九分六厘五毫拨与坛丁耕种，岁出黍、稷、稻、粱、芹、韭等项。余地四顷八十七

亩六分二厘九毫，除建神祇坛外，其余九十四亩二分五厘六丝四忽亦拨与坛丁耕种。上纳子粒俱输于南郊神廪，以供大祀等项粢盛。十年，户部题准，耤田五谷种子，每亩合用一斗，本部拨银，行顺天府收买送用，以后年份，于收获数内照地存留备用。"⑨

嘉靖皇帝在年轻时因礼制大讨论而对祭礼制度各项进行改革，都表明他是一个勇于创新的皇帝，也因为这些因素，他对北京先农坛的影响在历史上也是不可磨灭的，为后世先农坛的发展和变革起到了基石的作用，他自己与先农坛的故事也在史书上流传。

（二）康熙皇帝与先农坛耤田

清代康熙皇帝一贯的重农政策以及身体力行的重农实践在史书中留有许多资料。继明嘉靖帝在宫苑内辟地亲省耕敛事后，康熙皇帝也在宫苑的中海"尝亲临劝课农桑"之事，他虽然仅一次莅临先农坛亲耕，但深知"王权之本在乎农桑"的重要。他在西苑"治田数畦，环以溪水"种

试验田,培育良种,体察农事,后赐名"丰泽"。康熙时期的《御制耕织图》开篇的序就是这样写的:"圣祖仁皇帝御制耕织图序,于丰泽园之侧,治田数畦,环以溪水,陇畔树桑。"⑩

康熙皇帝在北京先农坛只有一次亲耕享先农的记载。在孝庄文皇后患病期间,赶回京城,亲自祭祀行耕耤礼,突显了这唯一一次亲耕的特殊之处,更突显了康熙皇帝重视农业的决心。而康熙皇帝另一个重要举措就是颁布了《御制耕织图》,从另一侧面也证明了康熙皇帝重农固本的精神思想。

(三)雍正皇帝与先农坛耤田

雍正时期把耕耤礼的制度建设推到极致,成为一项从中央到地方的国家制度。雍正皇帝不但亲耕,还在以往三推的基础上又加了一推,并颁发新修订的《三十六禾词》,于雍正四年(1726)向全国发出谕旨,颁发《嘉禾瑞谷图》。

之所以说耕耤礼变成了自上而下的国家制度,是始于雍正时期。雍正皇帝对地方推行的举措,《清实录》中有明确记载,记述了雍正皇帝下旨各个省市地方设立先农坛的情况,文中所述如下:"皇上躬亲胼胝之劳,岁行耕耤之典,嘉禾叠产,异瑞骈臻,今复行令地方守土之官,俱行耕耤之礼,仰见皇上敬天勤民,重农务本之至意,宜恪遵上谕,通行直省督抚,转行各府州县卫所,各择洁净之地,照九卿所耕田数,设立先农坛,于雍正五年为始,每岁仲春亥日,率所属恭祭先农之神,照九卿例,行九推之礼,所收米粟,敬谨收贮,以供各处祭祀之粢盛,于国计民生,大有裨益,从之,甲午。"⑪这也说明了雍正皇帝极度重视农业,知晓农业是固国之本,于国计民生都大有裨益。此外,雍正朝的《大清会典》中一处记载除了看出雍正皇帝对于农业的重视,以及在地方设立先农坛要求各地亦行耕耤礼的举措外,还能看出他着实是一个勤劳勤奋的皇帝,懂得稼穑之艰难,要求为官

者时刻存有重农稼穑之心,为农者也不可以有苟安怠惰之心。"朕每岁躬耕耤田,并非崇尚虚文以为观美,实是敬天勤民之至意,礼日,天子为耤千亩,诸侯百亩,据此则耕耤之礼,亦可通于天下矣,朕意欲令地方守土之官,行耕耤之礼,使之知稼穑之艰难,悉农民之作苦,量天时之晴雨,察地力之肥硗,如此,则凡为官者,皆时存重农课稼之心,凡为农者,亦断无苟安怠惰之习,似与养民务本之道,大有裨益,着九卿详议具奏。"⑫而创作《嘉禾瑞谷图》的缘起是,雍正初年,五谷丰登,岁稔年丰,雍正帝闻各地上报粮食丰收情况,龙颜大悦,遂令大学士张廷玉传旨,让宫廷御用画师郎士宁作《嘉禾瑞谷图》。此后连年风调雨顺,五谷丰稳。雍正五年(1727)八月二十八日,雍正帝颁示《嘉禾瑞谷图》,并降旨曰:"今蒙上天特赐嘉谷,养育百姓,实坚实好,确有明征。朕祗承之下,感激欢庆,着绘图颁示各省督抚等。朕非夸张,以为祥瑞也,朕以诚恪之心仰蒙,帝鉴诸臣以敬谨之意,感召天和所愿,自兹以往,观览此图,益加儆惕,以修德为事神之本,以勤民为立政之基,将见岁庆丰穰,人歌乐利,则斯图之设未必无裨益云,特谕。"⑬谕旨末端还钤上"敬天勤民"宝玺。除了颁布《瑞谷图》外,雍正皇帝还实行了一系列的举措,为给臣民做出表率。《大清会典》中就有明确的记载,记述了雍正皇帝的一些实际行动,如:"仲春耕耤,以供粢盛,以重农事。我朝举行钜典,特命三王九卿为从耕官,康熙十一年,告祭奉先殿。雍正二年以来,皇上每岁躬耕,三推礼毕,再行一推,以示率先农功至意,耤田嘉禾岁生,至有十三者,皆精诚感格所致也,又命直省郡邑,各设耤田,所在官吏,遵行惟谨,其致祭。"⑭而颁布《三十六禾词》也是雍正朝对于耤田礼制度的一项重要举措,"皇上躬祭先农坛,行耕耤礼,前期一日,遣官告祭奉先殿。是年,奏定,颁发耕耤所

表五 雍正皇帝为给臣民做出表率采取的办法（根据《清史稿》整理）

1	除元年逢亲耕必去，把古制天子三推增加一推为四推。
2	雍正二年（1724），颁布新制三十六禾词。
3	在西苑丰泽园内康熙帝种植水稻处进行模拟耕耤——演耕，仪轨与耤田亲耕相同，为确保亲耕时万无一失。后世演耕地点亦包括西苑瀛台、圆明园山高水长。
4	仿康熙帝，再次颁布《御制耕织图诗》，以强调农桑之本。
5	颁旨各省推举县一级富有德望的老农，政府授予八品顶戴。
6	耤田礼成，罢设筵宴。

表六 康熙《御制耕织图》与雍正《耕织图》比较

名称	康熙《御制耕织图》	雍正《耕织图》
作者	焦秉贞	宫廷画师
绘成时间	康熙三十五年（1696）	康熙四十八年（1709）——六十年（1721）间
篇幅及内容	共46幅，耕图23幅，织图23幅	共52幅，耕图23幅，织图23幅，重复6幅
特点	清代第一部《耕织图》	图中主角，耕夫与织妇，全部都画作胤禛夫妇 每图均有雍正御题五言诗一首
目的	劝课农桑，普及农业知识，推广耕作技术，促进农业发展。	作为皇子，表现出勤奋、亲民、重视农业发展的一面，以博取皇父认可，达到朝野同情的政治目的
原本现藏地点	美国国会图书馆	中国国家图书馆

歌三十六禾词一章，及筵宴所奏雨阳时若五谷丰登家给人足三章，奉旨，停止筵宴，耆老农夫各给赏布四匹。三年二月，上亲行耕耤礼如前仪，停止筵宴。"上述这些举措，只是其中一部分，根据文献记载，笔者整理出雍正皇帝在耕耤礼中的若干办法（表五），并对康熙《御制耕织图》与雍正《耕织图》的内容作几点比较（表六）。

（四）乾隆皇帝与先农坛耤田

乾隆皇帝在亲行率耕中表现突出，行耕耤礼次数为历代皇帝之冠，在位六十年来，其中二十八次亲行耕耤。与此同时，他还坚持到丰泽园和圆明园的"山高水长"行演耕礼。另一方面，乾隆皇帝也喜欢作诗，在乾隆御制诗文中有不少内容都与耤田有关，并在乾隆五十四年（1789）春日北京先农坛亲耕耤田礼成后手录了《劭农纪典》册。

《劭农纪典》册是乾隆皇帝79岁，即己酉（乾隆五十四年）春日在北京先农坛亲耕耤田礼成后手录的历年创作"亲祀先农"述事诗及禾词，是清代帝王亲飨先农以示"重农务耕"的真实写照。在《劭农纪典》册中收录的若干首诗中，其中最

直击人心的一首写道："廿七承明祀，八旬近次年。及兹能执礼，于是尽心虔。兴谷功垂古，绥丰惠助天。"这首诗作于乾隆五十四年，是这位耄耋老人最后一次亲耕先农坛。

乾隆皇帝与北京先农坛的告别感人至深，字里行间也流露出对自己和先农坛的留恋之情。他以79岁高龄、28次亲耕的结果为自己与先农坛的缘分画上了完满句号。此时他的心情应该是五味杂陈的吧，这样的一个成绩单需要上天的垂怜和他自己的努力，所谓天时地利人和都具备的结果，表达了这位十全老人内心的自豪和感悟，也从侧面反映出一个泱泱大国对农业的态度和重视程度。

综上所述，回看这块特殊的田地和在这块田地上驻足的重要历史人物以及发生的故事，都浓缩为一座建筑的记忆，我们可以透过它看到更宏阔的历史影像，它昭示着中华民族以农立国的治国之本和悠久的重农传统，展现着数千年农业文明古国的悠久历史与蓬勃发展。新时代的今天我们以重农固本为安民之基、治国之要，为新中国农业及农村的发展带来了历史性的成就和变革。在全国文化中心建设加快步

伐、中轴线申遗工作大力推进的今天，先农坛作为北京中轴线南端西侧重要的历史文物建筑群，其中具有核心价值的耤田恢复了历史面貌，而这其中的耤田故事真实讲述了千百年来中华民族的重农传统，集中展示了明清时期国家层面的祭农礼仪。在传统史料记载的基础上还原历史画面，感受人物心情，让过往保持真实的温度，让历史变得生动鲜活，而"中轴线上的农业"在今天也重新焕发出耀眼的光芒，为北京先农坛的耤田故事赋予了新时代的灵魂和生命力，焕发出更为鲜明而持久的文化魅力。

① 《四部丛刊初编·经部·周礼》卷第十二，上海商务印书馆影印，1922年，第38页。

② 《四部丛刊初编·集部·研经室二集》卷第一，上海商务印书馆影印，1922年，第12页。

③ 《四部丛刊三编·经部·诗集传》卷第十九，上海商务印书馆影印，1922年，第24页。

④ 《四部丛刊初编·子部·吕氏春秋》卷第一，上海商务印书馆影印，1922年，第4页。

⑤ 《四部丛刊初编·经部·毛诗》卷第十九，上海商务印书馆影印，1922年，第28页。

⑥ 《康熙朝大清会典一》卷六十五《礼部·祠祭·清吏司群祀三·先农》。

⑦ 《清史稿·礼一·吉礼一》。

⑧ 《国朝典故》卷三十五。

⑨ 《明会典》卷五十一。

⑩ 《大清高宗纯皇帝实录·乾隆七年八月上》乾隆七年八月壬戌。

⑪ 《大清世宗宪皇帝实录·雍正四年九月》雍正四年九月丙午。

⑫⑭ 《雍正朝大清会典二》卷六十一《礼部·仪制清吏司·耕耤》。

⑬ 《世宗宪皇帝上谕八旗》卷五。

（作者单位：北京古代建筑博物馆）

北京中轴线"纪念碑性"古建筑的历史沧桑

——评《中轴旧影》

姚 庆

北京城中轴线是古都北京的中心标志，是中国古代城市规划的最高成就，也是世界上现存最长的城市中轴线。当前，北京城中轴线作为线性遗产申报世界文化遗产一事，为全体国人所关注，而这也需要我们对北京城中轴线及沿线建筑的历史风貌有高度的认识。北京城中轴线凝聚了北京城市文化发展的精髓，是北京城最壮美的进行曲，保护好中轴线，就是保护好北京城的历史风貌。因此，从老照片的角度还原北京城中轴线的纪念碑性古建筑，对于客观认识北京城的古物风貌具有一定帮助。

《中轴旧影》是李彦成先生编撰的一本关于科普考古、古建筑知识的读物，2019年由文物出版社出版。该书以老照片形式对二十世纪三四十年代老北京城中轴线建筑的旧影风貌进行展示说明。该书按照片内容的不同，划为十四个专题，分别为永定门、天桥、天坛、先农坛、正阳门、前门大街、东西交民巷、中华门、天安门、历史博物馆、故宫、太庙、景山、北海、地安门、钟鼓楼，并对每组历史照片进行描述和说明。该书介绍的顺序，大致采取由南及北、先主后次、从中间到两侧的空间顺序；各专题中对具体照片的描述，则统一采用由整体到局部、由主要到次要的逻辑顺序。李彦成先生从事北京古建筑修缮行业三十余年，有着丰富的理论

基础与实践经验，并亲身经历了北京中轴线诸多古建筑的设计、修缮工程，《中轴旧影》一书是以其积累了三十年专业知识和实际工作充分结合而成的一本弘扬北京城市历史文化的科普读物。该书图文并茂，行文严谨，可读性、趣味性强，能够使我们对老北京城中轴线古建筑有整体印象，并体验这一伟大古都和文化遗产带来的震撼。

《中轴旧影》一书的十四组老照片真实记录了北京城中轴线纪念碑性古代建筑的风采，具有历史的沧桑感。北京城中轴线南起永定门，北止钟鼓楼，全长7.86千米，沿线文物景观具有左右对称的布局特征。目前，北京城中轴线上的诸多古建筑已不复存在，例如中华门、天桥，抑或有些古建筑属于复建，如永定门、正阳门牌楼，若想复原中轴线上的历史风貌，寻找中轴线建筑的"原汁原味"，除了按照历史文献按图索骥外，便要依靠历史老照片，它们是对北京城中轴线古建筑最真实、最形象的反映，这对当前北京城中轴线的申遗工作提供了有力支撑。通过对北京城中轴线历史老照片的展示，体现了北京城所具有的方位明确、中心明显、讲究对称的文化内涵，是对北京城中轴线文脉的延续和传承，"一条线即一座城"，这也推动了北京历史文化名城的整体保护。

《中轴旧影》一书对北京城中轴线上

中 轴 旧 影

主　编：李彦成

责任编辑：许海意　张晓悟
装帧设计：刘　远
责任印制：张道奇

出版发行：文物出版社
社　　址：北京市东直门内北小街2号楼
邮　　编：100007
网　　址：http://www.wenwu.com
邮　　箱：web@wenwu.com
经　　销：新华书店
印　　刷：鑫艺佳利（天津）印刷有限公司
开　　本：889mm×1194mm　1/16
印　　张：11.75
版　　次：2019年4月第1版
印　　次：2019年4月第1次印刷
书　　号：ISBN 978-7-5010-5623-1
定　　价：188.00元

的古代建筑，包括历史沿革、布局形态、建筑形制等多个方面进行了详细论述，使得公众对北京城古建筑的造型、特点有了初步认识，也逐步褪去了人们对中轴线"纪念碑性"建筑的神秘感。这十四组老照片中所涉及的古建筑类型具有多样化特点，单体性建筑如永定门城楼采用的重檐歇山三滴水的楼阁式建筑，院落式建筑如天坛由圜丘坛、皇穹宇、祈年殿和皇乾殿等组成，也有由汉白玉单孔高拱桥整修为矮石桥的天桥，还有园林性质的景山公园、北海公园，以及永定门护城河等，这些照片对于研究北京城中轴线官式古建筑的造型、式样提供史料依据，同时也揭示了中国明清古代建筑的历史风貌。

另外，从《中轴旧影》一书中，还可窥视二十世纪三四十年代的北京城市生活，尤其是其中对市井生活的反映，这也是北京城中轴线古物风貌的重要组成部分。永定门外的外来商贩、街道小巷、暮色景观，天桥周围的商铺、四合院以及百姓日常生活，前门商业区、火车站、大栅栏，东交民巷的使馆区，北平图书馆内景，钟、鼓楼街景等照片，均真实反映了当时北京城的社会生活图景，这为我们追寻北京中轴的城市记忆提供了珍贵的线索。

总之，《中轴旧影》这部书以呈现历史老照片的形式真实再现了北京中轴线及周边的历史风貌，对于当前的北京城中轴线申遗工作提供了珍贵的史料依据。这不仅仅是几百张黑白照片的罗列，而是一份历史的记忆和文化的见证，保护好中轴线，就是保护北京城的历史文化，我们只有坚持行走在文化遗产保护的道路上，才能为我国文化遗产保护事业做出自己的贡献。

（作者单位：河北师范大学历史文化学院）

北京古代陵墓建筑前导空间设计模式初探

李卫伟

作为六朝古都的北京，无论是帝王的皇陵还是公侯将相的园寝，抑或是名人的墓葬建筑，类型齐全，时间跨度上千年，因此非常具有代表性。由于中国传统的"事死如事生"观念，北京古代陵墓建筑的前导空间在整体设计的观念上十分类似生前的建筑。

另外，受到风水上认为陵寝建筑可以荫庇后代观念的影响，甚至陵墓建筑前导空间的规模上与生前建筑相比有过之而无不及。除了元代蒙古族的"马踏墓"不设置地上建筑以外，其他朝代几乎每一个时期的陵墓建筑前导空间都是经过精心设计的，其形式是在陵墓的封土前建造长度从数十米到数公里不等、称为"神道"的前导空间建筑群组，其构成要素主要包括牌楼、石桥、道路、石像生、华表、门殿等。

一、陵墓（前导空间）的历史渊源

墓葬前开辟神道的方式至少可追溯至汉代。据《汉书·霍光金日磾传》记载："禹既嗣为博陆侯，太夫人显改光时所自造茔制而侈大之。起三出阙，筑神道，北临昭灵，南出承恩。"①唐朝时，章怀太子李贤为《汉书》作注说："墓前开道，建石柱以为标。谓之神道。"

从上述文献记载可知，汉魏时期神道已经使用石刻作为标志物，同时章怀太子李贤也很明确地说明了神道在最初就是起到标识的作用。从历史文献和现存的实物来看，唐宋以来皇陵和重要的大臣墓葬继承了这种开辟前导空间的做法，均建造神道。甚至是实行"不封不树"（不建造地面建筑）墓葬制度和习俗的元代蒙古贵族也有建造神道的记载："泰定初，赠锁咬儿哈的迷失资德大夫、御史中丞、上护军，追封永平郡公，谥贞愍。赐其妻子钞五百贯、良田千亩，仍诏树碑神道。"②北京地区的陵墓神道继承了唐宋以来神道的设置方式，并有所发展，形成了明清时期以神道为代表的陵墓前导空间设计模式。而且随着神道建筑物由简单到复杂的变化，其功能作用也从最初的标识而演进出了更多的变化。

二、皇家陵寝前导空间设计模式

1. 金陵神道设计模式

位于北京市房山区周口店镇龙门口村北九龙山的金陵是北京地区年代最早的帝王陵寝群。1155年，金海陵王迁都至燕京，即金中都，并将原葬于金上京祖陵中从金始祖以下的十帝和从金太祖完颜阿骨打以下五帝的陵寝迁至中都。之后，海陵王（完颜亮）、世宗、章宗、卫绍王、宣宗五位皇帝和两位追封的皇帝全部葬于此处，形成面积约60平方千米（也有认为120平方千米）的大型皇家陵寝。明天启年间，女真族的后裔建立后金王朝，在军事上对明朝构成了极大的威胁，天启帝为断后金王朝的所谓"龙脉"，撤金陵祭祀，并派兵捣毁金陵建筑，还在陵上修建了关帝庙镇压。清朝入关后，将被捣毁的睿、兴二陵重新修复，而其他的陵一直被湮没，至今大多数不知其确切位置所在。

1985年起，文物部门开始对金陵主陵区进行调查。从1986年开始，文物工作者采用电探、探铲、挖探沟等方式，测定出金陵在九龙山主峰云峰山的具体位置，并清理出一条约70米长的护陵堰，发现两座石椁墓、一处碑亭遗址、一个砖窑及大批汉白玉雕花石条、金代龙纹绿琉璃瓦、滴水和其他古代建筑构件。同时，文物工作者在试掘中发现了陵寝神道。

从目前发掘的情况看，金陵主陵区位于房山区周口店以北的九龙山，占地面积约6.5万平方米。这座山属于大房山中段的一段山峰，其主峰称为皇陵尖，又叫主龙脉。以主峰为中心，周围有九条山脊向一处山谷围拢，山谷前面是两山夹涧，当地人叫作皇陵石门。陵区的神道就设置在山涧内，"金陵的总体平面布局形式与中国传统建筑模式一致，以神道为中轴线进行排布""神道由南向北顺地形而上，中南部分略有弯曲呈弧形，其北正对金太祖陵，全长200余米，方向170°，中部遗存有一段石踏道""神道南端东西两侧各有一神道柱础石，北端两侧原留有高大碑亭，现仅存台基柱础"[③]。

金陵的前导空间部分，也就是神道根据考古清理来看主要有三个特点：一是神道的方向正对主峰（图一）；二是根据清理的神道两侧建筑基础可知，两侧建筑沿着神道对称布局，目前清理出对称的四座

图一 金陵主神道现状（南—北）

建筑基址，推断是神道柱和碑亭的基础；三是由于不能确定神道的起始地点，因此从发现的建筑基址到地宫计算，长约200米，如果以山涧口算作起始位置，长约500米。另外，神道两侧还布置有泄洪沟。

从这些我们大体能推断金陵前导空间的形式和长度与同时期宋代陵寝接近。宋代陵寝也是神道指向靠山的主峰，神道两侧对称布置长方形的建筑。但是宋代神道两侧为称作乳台、鹊台的陵台建筑，而金陵则推断为神道石柱基础和碑亭基础。这种推断是按照明清陵墓的规制进行的猜想，如果推断成立，金陵也是介乎宋代和明清神道之间。遗憾的是金陵虽然发现了大量建筑石构件，但是没有发现汉代以来神道使用的石像生。

2.明十三陵神道设计模式

明十三陵位于北京市昌平区天寿山麓，共埋葬了明代的十三位皇帝、二十三位皇后、两位太子、三十余名妃嫔、两位太监，是我国埋葬帝后最为集中的一组陵寝群，也是陵墓地面建筑保存最为完整的皇家陵寝建筑群之一（图二），为我们研究皇家陵寝的前导空间设计模式提供了十分重要的实例资料。

明永乐七年（1409），第一座皇陵即朱棣的长陵在此处开工修建，直至清顺治元年（1644），明代最后一位皇帝崇祯被

图二 明十三陵分布图
（引自胡汉生：《明十三陵研究》，北京燕山出版社，2013年）

清廷葬入思陵，明代定都北京之后，除了景泰帝之外全部埋葬于此。

明十三陵总面积约120余平方千米，陵区东、西、北三面环山，南面为平原。南面的入口处建有总神道，神道对着长陵及其背后的天寿山主峰，这条总神道也就是十三陵的总前导空间。以长陵为中心，以西依次排列献陵、庆陵、裕陵、茂陵、泰陵、康陵、定陵、昭陵、思陵，以东依次为景陵、德陵、永陵，各陵在总神道的基础上又分别有自己的神道，即前导空间。

总神道既是长陵神道，也是整个陵区的前导部分，长约2.8千米，自南而北排列着一系列墓仪设施。据《明史》载："长陵迤南有总神道，有石桥，有石像人物十八对，擎天柱四，石望柱二。长陵有《神功圣德碑》，仁宗御撰，在神道正南。南为红门，门外石牌坊一。门内有时陟殿，为车驾更衣之所。永陵稍东有感思殿，为驻跸之所。殿东为神马厂。"④总神道的设置既起到了引导的作用，也加大了陵寝的纵深感和威仪感。更为值得注意的是，明代十三陵的神道既是对唐宋神道的继承，也有所发展，并自此成为定式。清代的东陵和西陵均按照十三陵的模式建造神道。

总神道最前方以一座石牌楼作为标志物，牌楼的形式为石仿木六柱五楼形式，是明世宗为纪念其祖先的功绩而建造（图三）。需要提出的是，陵寝的牌楼均为石材质，其他类型的建筑牌楼则不使用石材，而使用木、砖或琉璃材质。因此，在北京地区石材质的牌楼是陵寝的专用。十三陵的这座石牌楼是北京地区等级最高、规模最大的石牌楼，也显示了皇家陵寝的威仪。

牌楼之后有一座石质三孔桥。三孔桥的设置一方面是因为十三陵周围有壕沟围护，因此需要建造桥梁才能进入陵区。另一方面，也有仪式的含义。另外，过桥之后进入陵区，是否有阴阳两隔的意思虽未见史料记载，但传统的阴阳两界分割以

图三 十三陵石牌楼

图四 十三陵大红门

亭，亭为方形，重檐歇山顶，砖石拱券结构。亭内立有高7.9米的"大明长陵神功圣德碑"。碑亭四角均立有汉白玉华表，高10.81米。碑亭总体的作用是记功碑，碑上撰述帝王的文治武功。

神功圣德碑亭往北是长约800米的神路。神路两侧对称设置十对石像生（图五），其顺序是石望柱、狮子、獬豸、骆驼、象、麒麟、马、武将、文臣和功臣。石像生的尽头是三座棂星门，石仿木两柱一楼牌楼形式。由于帝后入葬时必须经过此门，所以又称之为龙凤门。龙凤门实际上为牌楼门形式，是一座承启性的建筑物。它既是主神道石像生的终点标志物，同时又是新的陵宫区空间的开始启引建筑物。

过龙凤门后依次为南五孔桥、七孔桥、北五孔桥（现保存不完整，桥体部分保存）。过北五孔桥后为通往各陵寝的分神道。以龙凤门后这三座桥为主组成的空间，可以看作是神道区域与陵宫区的过渡性建筑区域。南五孔桥和七孔桥与前面大红门外的三孔桥推断有对应关系，一方面是因为三、五、七孔的数据排列非常有规律性，另一方面是从空间看，北五孔桥更接近长陵陵宫区。虽然总神道就是

奈何桥为标志是中国对生死两界的传统说法。在陵寝之前建造桥梁大概有此含义。

过桥之后为大宫门，又称大红门，是整个陵区的总入口和门户（图四）。大红门建于两座岗阜之间，为砖石拱券结构，庑殿顶黄琉璃瓦屋面，其中门门洞正对天寿山主峰。在大红门左右两侧原有围墙（现在围墙无存）连接至左右的龙山、虎山之巅，然后再向东西两侧蜿蜒而去。大红门前左右两侧各立下马碑一通，正反面均刻有"官员人等至此下马"八字。如果说牌楼是标志物，那么大红门的功能则是实实在在的通行建筑。但是，它又与石牌楼、下马碑组成了皇家陵寝开端部位的最明显标识。这种搭配也成为清代皇陵的垂范。

大红门之后为神功圣德碑

图五 十三陵主神道望柱及石像生

长陵的神道，但是为了与其他陵寝的统
一，那么也可以看作是长陵自己的分神
道。而且，其他大多数的陵寝在其分神
道与主神道的分割处也都有一座石桥。
只是规模要比北五孔桥小。

值得提出的是，目前十三陵主神道周
围自然环境的变化造成了神道氛围的巨大
变化。据历史照片看，主神道整个空间氛
围呈现出肃杀之气。在茫茫旷野之中，牌
楼、石柱、建筑和一排石像生严整排列，
突显了皇家陵寝的恢宏气势（图六、图
七）。而目前的神道由于周边均进行了绿
化，栽种了大量树木，使得整个神道失去
了宏大的气势。虽然宋代也有神道周围种植树木的记载，但是从
建筑景观的角度看，不种植树木
似乎更加适宜。

十三陵各陵的背后都有一座
山峰作为靠山，其建筑都是由分
神道和陵宫区两部分组成。分神
道基本上都会在途中建造单孔石
桥，后部并列建三座单孔石桥和
神功圣德碑亭。

陵宫区的建筑又可以分为前
部平面呈长方形的祭祀区和后部
平面呈前方后圆形的埋葬区。陵
宫区主体建筑沿轴线前后布置，
基本都是由陵门、祾恩门、祾恩
殿、方城明楼和宝城宝顶组成。每
个陵根据规模大小，或有增减。其
中长陵规模最大，思陵规模最小。

长陵位于天寿山主峰南麓，
是明成祖朱棣和皇后徐氏的合葬陵
寝。陵宫区面积约12万平方米。祭
祀区最前面为陵门五间，砖仿木结
构，歇山顶。陵门内院落建有碑亭
一座。祾恩门是一道礼仪性的门，
歇山顶，五间三启门形式，须弥座
式台基。祾恩门两侧还各有随墙式
琉璃掖门一座。祾恩殿是供奉帝后
牌位和举行祭祀活动之处，面阔九
间，进深五间，重檐庑殿黄琉璃

瓦屋面，殿下有三层汉白玉石栏杆围绕的
须弥座台基。祾恩殿之后为埋葬区。埋葬
区前为与陵门形制相同的门一座，门内沿
中轴线方向建有两柱牌楼门和石几筵。之
后为方城明楼一座，方城的下部为一座砖
石砌筑的方形城台，城台开券门一座，上
部的明楼为二层，重檐歇山顶黄琉璃瓦屋
面，楼内立有"圣号碑"一方。楼后为平
面圆形的宝城宝顶，下部城砖砌筑的圆形
围墙称为宝城，围墙上的封土填充成半球
形称为宝顶。宝顶上种植柏树。

献陵神道从长陵神道北五孔桥北分
出，长约1千米，至后部建单孔石桥一座

图六 民国时期十三陵总神道大碑亭

图七 民国时期十三陵主神道石像生

和神功圣德碑亭一座。陵宫区面积4.2万平方米，其祭祀区和埋葬区之间因"风水"关系被环抱在宝城前的玉案山（一座小土山）分为前后两座独立的院落。两院之间有神道沟通，并于玉案山西设单孔石桥两座，后院的琉璃门前设并列的单孔石桥三座。祭祀区原有祾恩门三间、祾恩殿五间，左右的神厨、神库各为五间，现均为遗址。埋葬区院门为三座门形式的琉璃门，琉璃门内建两柱棂星门、石供案。方城明楼的方城为简化的四面墙壁，墙壁内建有歇山顶的二层明楼，之后为宝城宝顶。宝城城廓平面作纵向椭圆形，宝山堆土不如长陵高大，方城入口甬道为直通前后的形式，城内宝山前设琉璃屏一座。

景陵神道从长陵神道北五孔桥南向东北分出，长约1.5千米。神道后部建单孔石桥一座和神功圣德碑亭一座。陵宫区约2.5万平方米。祭祀区祾恩门三间、祾恩殿五间，祾恩殿后出抱厦一间，左右配殿各五间，神帛炉一座。埋葬区的建筑形制同献陵，但是平面因地势呈前方后圆纵向狭长状。

裕陵神道从献陵碑亭前向西北分出，长约1.5千米，途中建单孔石桥二座和神功圣德碑亭一座，亭北建三座并列的单孔石桥。陵宫占地面积约2.62万平方米，平面布局和单体建筑形制与景陵基本一致，仅祾恩殿无抱厦、无后门，埋葬区平面为椭圆形。

茂陵神道从裕陵前向西分出，长约1.8千米，途中建单孔石桥一座，近陵处建神功圣德碑亭一座。陵宫区面积约2.56万平方米，平面布局和单体建筑形制与裕陵相仿，仅宝城内的琉璃影壁后分别有通向宝顶的台阶。

泰陵神道从茂陵碑亭前向西分出，长约1千米，途中建有五孔石桥一座，后部建神功圣德碑亭一座，亭后并列建有单孔石桥三座。其陵宫总体布局及单体建筑形制与裕陵一致。

康陵神道从泰陵五孔桥南向西南分

出，长约1千米。途中建有五孔、三孔石桥各一座，近陵处建神功圣德碑亭一座。其陵宫区面积约2.7万平方米，平面布局和单体建筑形制与泰陵一致。

永陵神道从长陵神道七孔桥北向东北分出，长约1.5千米，途中建单孔石桥一座，后部建并列单孔石桥三座和神功圣德碑亭一座。陵宫区面积约25万平方米，平面布局仿长陵而外多一道外罗城。祭祀区有祾恩门五间、祾恩殿七间，重檐庑殿顶，黄琉璃瓦屋面，殿前御路石上雕刻有精美的"龙凤呈祥"图案，左右配殿各九间，神厨、神库各五间。后门一座。埋葬区建有三座门形式琉璃门，门后有棂星门和石五供。之后的方城明楼为砖石仿木建筑，全部构件均为砖石材质，其宝城和方城的垛口均用五彩斑斓的大块花斑石砌筑。

昭陵神道从长陵神道七孔桥北向西分出，长约2千米，途中建五孔、单孔石桥各一座，后部建并列的单孔石桥三座和神功圣德碑亭一座。陵宫区面积约3.46万平方米，平面布局和建筑形制与泰陵相仿，不同的是宝城内宝顶制度取法永陵，宝顶前有高大的拦土墙与宝城墙相接，使方城后形成了一个月牙状的院落，俗称"哑巴院"。

定陵神道从昭陵神道五孔桥西向西北分出，长约1.5千米，途中建三孔石桥一座，后部建并列单孔石桥三座和神功圣德碑亭一座。陵宫区面积约18万平方米，平面布局及单体建筑形制仿永陵，仅左右配殿各七间，外罗城内神厨、神库各三间。

庆陵神道从裕陵神道小石桥西向北分出，长约20米，建有单孔石桥一座，桥后建神功圣德碑亭一座。陵宫区面积约2.76万平方米。平面布局仿献陵，单体建筑形制与昭陵一致，但其埋葬区的琉璃门、影壁装饰华丽胜过昭陵。

德陵神道从永陵碑亭前向东北分出，长约500米，途中建五孔石桥一座，后部建神功圣德碑亭一座。陵宫区面积约3.1

万平方米，平面布局与昭陵相同，单体建筑形制与庆陵一致。

思陵为妃子墓改造而成（崇祯帝生前未建造陵寝）。陵宫区约0.65万平方米，二进院落，陵前建碑亭一座，亭内石碑为清顺治十六年（1659）吏部尚书金之俊奉敕撰写的《皇清敕建明崇祯帝碑记》。现保存有陵门、享殿和二门遗迹，以及石供案二套、明楼一座、宝城宝顶一周。

这些分神道好似是从主神道分叉开的道路，既有全局统帅，又各自独立。同时由于明代的葬制是昭穆制度，也就是以祖陵为中心，其后的陵寝左边一个、右边一个依次对称布置，因此主神道也起到轴线的作用。

三、王公大臣园寝墓葬的前导空间设计模式

1. 清代王公园寝的前导空间设计模式

北京地区王公园寝保存的地面建筑全为清代所建，明景泰帝的园寝从现存建筑看其规制几乎与清代王公园寝无异，一方面其地上建筑是清代重修，另一方面明景泰帝是按照亲王规制下葬的。北京地区现存清代王公园寝比较完整的有海淀区的醇亲王墓（园寝）、孚郡王墓（园寝）、昌平区的庆禧亲王家族墓（园寝）、房山区的奕绘贝勒园寝。另外，尚有部分前导空间保存，约略能分辨和推断前导空间建筑的有朝阳区的显亲王墓、昌平区的恭亲王墓等。

这些王公园寝的前导空间设计模式大体上一致，也就是皇陵神道的简化版。神道起点的建筑物一种以恭亲王园寝的石牌楼为代表，这与皇家陵寝一致，但规模和等级都要低很多。牌楼之后也是一条称为神道的道路，

据记载道路上原有神像生（目前保存的神道上神像生已经无存），还布置有石桥建筑，道路的最后一般是一座纪功碑亭。另一种如醇亲王墓、孚郡王墓、庆禧亲王家族墓等园寝的神道起点目前没有发现建筑物（图八），也没有找到相关文献记载，但推断应该也建有牌楼或者门楼之类的建筑物作为园寝的起点标志物。除了没有发现明显的起点标志物之外，神道上的建筑物也是建有一座石桥，石桥之后的道路终点为纪功碑亭。碑亭之后便进入祭祀区，可以视为整座园寝前导空间的结束或前导空间与祭祀空间的转换。

祭祀区域的最前方是隆恩门，隆恩门前两侧建有陪祀官房，形成一个三面封闭的庭院，隆恩门内以围墙维护，形成封闭空间。轴线上依次排列隆恩门、隆恩殿。隆恩殿后为一座砖质门楼，是埋葬区的起点，门楼两侧也有一道围墙将埋葬区与祭祀区分开。门楼之后就是园寝的最主要建筑宝城宝顶，也就是埋葬尸骨的地上封土建筑。宝城宝顶为圆形，上部的宝顶为封土，下部为砖砌宝城，也是帝陵宝城宝顶的缩小版。宝城宝顶部分的四周围墙也是圆形。由于祭祀区域与埋葬区域相连接，因此形成前方后圆的格局。这与"天坛"的南圆北方的格局十分相似。

图八 航拍看庆禧亲王家族墓及神道

2. 明清其他大型墓葬前导空间设计模式

明清时期大型墓葬的地面建筑前导空间也采用神道的方式，从现存的几座大型墓葬神道看，其设计模式虽基本一致，但也稍有区别。明代早期的墓葬神道似乎更为简朴，如姚广孝墓的神道最开始为一座神道碑（图九）。《明史》对这块碑有所记载："赐葬房山县东北。帝亲制神道碑志其功。"⑤碑的前后没有发现牌楼的设置。神道碑之后为一条笔直的神道直达墓前。姚广孝的墓冢为一座塔，因为其生前为和尚。目前神道两侧未发现石像生，但推断原应该有石像生。

明代中期以后的几座墓葬前导空间的设计模式大体相同，都是以石牌楼为起点，石牌楼后为神道及两侧的石像生。如保存较为完整的石景山区明万历年间太监田义墓、昌平区南口明万历年间李太监墓，其神道的设计模式同样是最前方建造石牌楼，石牌楼后为神道，神道两侧陈设望柱和石像生，只不过数量少、规模小而已（图十）。考虑到十三陵神道也是明代中期加建，似乎建造石牌楼作为起点是明代中期以后的设计方式。

另外，需要注意的是，神道碑是做出重大贡献的人或者皇帝、王公才享有的特权。因此，很多墓葬没有神道碑并不是后期遗失，很可能是历史上就没有设置。但是牌楼却似乎没有特殊的要求，只是墓葬前的一个标识物。

四、北京古代陵墓建筑前导空间的功能作用

陵墓建筑前导空间的设计和处理模式为进入主体建筑群即祭祀埋葬空间起到了三方面的功能作用，即标识、引导和对比反衬。

首先，古代陵墓所使用的牌楼是一个建筑群或者建筑区域开始的标志性建筑。《红楼梦》中写到刘姥姥进大观园时有这样一段对话，说明了牌楼的标识作用："姥姥道：笑什么？这牌楼上字我都认得。我们那里这样的庙宇最多，都是这样的牌坊，那字就是庙的名字。"⑥

而且，陵墓的牌楼均为石材质，更具特点。因此，使用了石牌楼的前导空间具有强烈的标识和启引的作用。在郊野，远远望见牌楼就知道那是陵墓建筑。牌楼同时还具有转折的意味，跨过牌楼就意味着要进入陵墓地界了。这个地界

图九 姚广孝神道碑

图十 明代李太监墓前牌坊

是有别于陵墓周围空间的。

其次，牌楼、石雕、石桥和道路形成的前导空间具有强烈的方向性和指向性。长度较长的神道还在不同节点设置相应的指引性建筑。因此前导空间具有引导作用。

再次，在引导行进路线的同时，又是陵墓外世俗空间和陵墓内主体祭祀埋葬空间建筑的过渡空间。让祭拜陵墓的人在这个过渡空间内转换心境、净化心灵，尔后进入祭祀和埋葬区域。

最后，陵墓主体空间的建筑形象和氛围（即祭祀埋葬空间）要么高度净化、要么雄伟肃穆，而前导空间的建筑形象和氛围则形式简洁、氛围清幽。这两种空间氛围和建筑形象形成强烈的对比，产生巨大的反衬，从而达到建筑上的反心理预期的作用。

五、结语

北京地区古代陵墓建筑前导空间可以说是最明显的表现出设计性的前导模式。这种前导空间设计方法对陵墓建筑的标识和引导及空间氛围的营造起到了至关重要的作用，是我们现代空间设计和形体设计非常值得借鉴和学习的。

本文为住建部科技司、北京建筑大学北京未来城市设计高精尖创新中心开放课题基金资助，课题编号UDC2017020612。

①《汉书》卷六十八《霍光金日磾传》，中华书局，1964年，第2950页。

②《元史》卷一百二十四《塔本传》，中华书局，1976年，第3046页。

③北京市文物研究所：《北京金代皇陵》，文物出版社，2006年，第37—41页。

④《明史》卷六十《凶礼三》，中华书局，1974年，第1476—1477页。

⑤《明史》卷一百四十五《姚广孝传》，中华书局，1974年，第4081页。

⑥（清）曹雪芹：《红楼梦》第四十一回"贾宝玉品茶栊翠庵，刘姥姥醉卧怡红院"，作家出版社，1953年，第442页。

（作者单位：北京市古代建筑研究所）

太行山东麓青铜器群文化性质的分析

郑滦明

20世纪下半叶起，在河北太行山东麓连续发现了一些出土青铜器群的墓地，初步统计至少在20处以上，这些青铜器群的时代明确，为春秋到战国初年，地域界限明显，为太行山东麓北到燕山一线的南北走廊地段，文化内涵以东周礼器为主，兼出北方游牧民族的文化遗物，内容十分丰富，特别是行唐故郡遗址、墓葬群发现之后，更进一步明确这一类型的文化性质，并引起了人们的关注。

一、太行山东麓青铜器群所表现的戎、狄文化

春秋战国时期，河北有周、晋、卫、邢、燕为主体的青铜文化。此外还有三个青铜文化类型：太行山东麓春秋到战国时期的戎、狄文化类型，燕山南北西周晚期到春秋时期夏家店上层文化类型，太行山西北燕山以西军都山、熊耳山之间春秋时期玉皇庙文化类型。这三种文化类型穿插于晋、燕、邢、卫之间，和中原的华夏文化错居杂处，既见融合也有排斥，表现得非常明显，到战国中晚期为燕、赵文化所融合。

本文首先讨论的是，太行山东麓戎、狄文化的一些问题。

所谓戎、狄文化，是一个文化性质和内涵比较模糊的名词，在没有正式命名之前可以如是称谓。戎、狄文化的分布，大体占据了北京西、河北的保定、石家庄、

邢台三地及山西的晋东、晋北的一部分。在太行山东麓的山前平原、滹沱河、唐河流域，西部的山区、西北的桑干河流域，仅河北、山西两地的戎、狄文化青铜器发现地点就有30余处，多数是墓葬。

结合行唐故郡遗址和墓葬群的揭露，可以确定：这种戎、狄文化墓葬以积石塚木棺葬具为主，部分为土坑木棺墓，葬单人，极少男女合葬，有一部分墓葬为东向、仰面直肢式。在故郡清理的贵族墓中，有殉人和兽殉坑、车马坑，一如周代礼制。M53最大，主室加附椁共5个，死者身着玉佩、玛瑙、头饰、金盘丝、耳环、青铜剑、镞、戈、带钩、削、金泡饰、磨石，墓室东南壁龛中随葬鼎、豆、壶、盘、匜等青铜礼器，椁室东为车马坑及殉牲坑，它的随葬物基本涵盖了太行山东麓山前地带发现戎、狄墓葬的内涵，从发现地点比较、研究可以看出，随葬器物特点是，以华夏文化为主体的两周礼器组合青铜器群和以北方游牧文化为主体的文化性质，即所谓北方系器物组合。二者融合出土的情况，基本都是相同的，这一特点在故郡墓葬都得到充分的体现。

河北太行东麓发现有代表性的墓葬，见于报道的有唐县南伏城、北城子[1]、唐县钓鱼台[2]、行唐李家庄[3]、行唐庙上黄龙岗[4]、满城采石厂[5]、顺平坛山[6]、涞水永乐村[7]；位于冀西北的有阳原九沟[8]、怀来甘子堡[9]、怀来北辛堡战国墓；在太行山西北的军都山、熊耳山、大同盆地也出

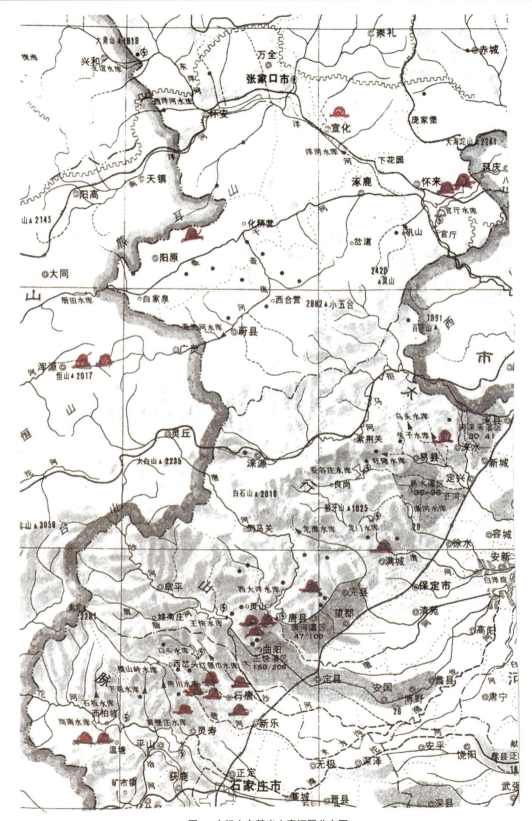

图一　太行山东麓出土青铜器分布图

土同样的铜器；山西浑源李峪村20世纪30年代出土一批青铜器⑪，1975年、1978年又有三座土坑墓发现两批青铜器⑫；1995年在滹沱河上游南岸山西定襄中霍村发掘5座积石木椁墓，出土了东周时期（春秋晚、战国早期）大批青铜器⑬；1964年在山西原平县滹沱河东岸的峙峪村发现一座东周墓，出土吴王光剑（时间当在前514年—前496年间）和大批为春秋晚期的青铜器⑭；1984年在山西原平县塔岗梁村（滹沱河西岸）清理4座东周时期墓葬，内以M3器物为多⑮；1980年河北新乐中同村发现清理两座积石土坑墓⑯；1984年在河北灵寿县西岔头村发现战国早期土坑墓一座⑰。

上例铜器出土地点大多见于报道。但墓中所见东周礼器和北方青铜器共存情况却又各有不同。下面我们把唐县南伏城、北城子、唐县钓鱼台、行唐李家庄、庙上、黄龙岗、满城采石场、顺平坛山、涞水永乐村等几个地点的东周墓葬出土部分青铜器情况作一分析。

二、太行山东麓青铜器群的一些特点

出土成批青铜器的墓葬，有如下特点：

1. 墓葬结构以积石塚内设木椁或棺为主，兼有土坑墓，约各占二分之一。在夏家店上层文化墓葬中，积石、石板墓极为多见。有木棺板葬具，葬单人，有牲殉。

2. 器物组合中，鼎、豆、壶、盘、匜为主体的器物配套已向多样化发展，出现了甗、簋、瓿的组合形式，这几乎普遍地应用于各墓中，一般以一鼎或二鼎、二豆，余皆为奇数。基本以前五器为主，山西定襄中霍村M1出现4鼎，相当大夫一级，一鼎相当于较低贵族中的"士"一级，这种戎、狄墓效仿中原大国礼制葬用周器，时间当在春秋—战国初年。

3. 器物基本脱离春秋初期浑厚、大方、富丽、花纹造型繁缛复杂、高浮雕的

特点，普遍采用浅平雕的蟠螭、蟠虺、云雷、乳钉、弦纹等。造型少大器，鼎多圆体，三足，盖作兽，或圆形捉手，或三环纽多云雷三角和素面。壶分圆、方两种，用提梁练子、陶索网络或半浮雕兽（虎）形。盘多素或双附兽耳。匜最具特征，有凤形三足匜，匜流口多做虎头张口，器身瓢形，柄多做弯曲兽形。大型瓿浑厚大方，气势不凡，身做陶索网络方格，内添窃曲。簋多小巧，环耳、鸟兽盖纽，饰方格纹或鸟纽盖双环耳。甗多分体，甑釜合一。可以看出，基本以周燕、周晋器为母型，器体中小、平花由周朝铜制礼器器物组合配套而成。

4. 兵器工具中两穿戈多见，镈座兽形，扁茎素剑，圆柄首为多。不见夏家店上层文化的曲刃剑、直刃剑和玉皇庙文化的多种兽首柄匕首式直刃剑，有不同形制的环首刀，墓中出现刀币（故郡），青铜工具很发达，多是扁长式空銎长体、素面斧、锥等。

5. 北方系青铜器风格对铜礼器的造型、纹饰风格都有较大影响，如背匏壶、陶索纹壶、凤纹匜、蕉叶纹鸟兽纽耳、虎兽纹镈等。另有个别器物嵌有松石。纯粹属北方系的青铜器有普遍流行的双直耳铜鍑、金质或铜质卧虎形牌饰、金丝腕饰、耳坠、金项饰、铜圆牌饰、枭形带钩等。在河北中山灵寿故城周围发掘的9座春秋中期墓中，M8004出土有柄铜镜、金丝腕饰、刀等，M8102出土提梁铜壶、花格剑、铃、泡饰，卧虎形包金铜饰片等⑱。

图二 南伏城出土青铜簋

图三 唐县钓鱼台出土铜敦

图四 满城采石场出土铜鼎

三、太行山东麓青铜器群的时代

参照北京琉璃河西周燕侯墓地、山西李峪村、邢台葛家庄邢侯墓地、行唐故郡遗址等地出土青铜器，特别是参照彭裕商《春秋青铜器年代综合研究》中的一些标准器为参考[18]，将太行山东麓青铜器年代初步分为四期：

图六 唐县北城子出土铜瓿

![图七]

图五 庙上黄龙岗出土铜鼎

6. 发现墓葬之地一般在同时期城址附近。如唐县南伏城、北城子、行唐故郡城址、满城采石场等，说明这种戎、狄文化已板筑一定规模的城廓定居，大量杀牲殉马、牛、羊、猪、犬等，表明畜牧和家畜的饲养业已很繁荣，已有农业耕作谷物和生产，但尚未完全步入封建社会的门槛。

图七 行唐李家庄出土匏壶

第一期，西周晚期，有唐县南伏城。簋（图二）、盘、匜、鬲、壶、鼎。鼎、鬲的形制皆属西周晚期，可延伸到春秋早期。唐县1985年出土了一件西周时期归父敦，铭文二行，释为"鲁子中之子归父为其膳敦"，南伏城铜鬲形制见于山西侯马上马村M13[20]，鼎的形制见于山东长清仙人台，唯花纹稍不同[21]。

第二期，春秋早中期，有唐县的钓鱼台、满城采石厂等。钓鱼台有鼎、匜、洗、敦（图三）、瓿、镈、素圆牌、金质虎形牌饰、金丝腕饰，铜匜（图四）形制见于洛阳C1M6112[22]，满城采石场铜鼎形制见于洛阳西工区东周墓葬[23]，豆之形制见辉县琉璃阁春秋墓（中晚期）[24]，另有金质虎形牌饰等。

第三期，春秋中晚期，有行唐庙上黄龙岗、涞水永乐村、唐县北城子。行唐庙上黄龙岗出有鼎（图五）、甗、壶、簋、匜、金丝腕饰等，其中鼎约在春秋时期中后段，见于河南淅川下寺M1[25]。唐县北城子M1出有鼎、豆、壶、盘、匜、甗，M2有鼎、豆、方壶、鼎、匜、瓿（图六）、镈等。涞水永乐村铜器也属春秋晚期，铜敦见于湖北麻城李家湾[26]，唐县北城子M1铜鼎见于山西长子县东周墓（春秋晚期—战国），M2铜鼎见于山西太原金胜村大墓[27]。

第四期，战国早期，有行唐李家庄、顺平坛山。铜器皆属北方系统，李家庄有镈、匏壶（图七）等。

四、关于太行山东麓戎、狄文化的具体族属问题

很早以前，一些学者就提出河北燕山到太行山一线有戎、狄族的活动遗迹，由于考古新发现的层出不穷，特别是战国中山王厝墓发掘后引发了较大的讨论与研究[28]，几乎普遍地认为太行山东麓发现一些铜器群点都和春秋时期白狄、鲜虞、中山有关。《唐县南伏城及北城子出土周代

青铜器》中提出其特点为"既有中原青铜礼器配套组合"，又有"北方青铜器"中流行的双耳鍑，有的出虎形金牌饰（钓鱼台、采石厂）、扁柄首直刃短剑等北方式金、铜器，反映了春秋时期中原周文化和北方戎、狄文化融合后而产生的一种新的文化因素。从地理考察唐县北城子等墓，很可能和春秋时期活跃于太行山区的戎、狄有关。

《左传·襄公十八年》记："白狄始来。"杜预《春秋左氏经传集解》曰："白狄，狄之别种。"鲜虞即白狄一支，和肥、鼓、仇由氏等先后进入太行山区，建立了大大小小不同的国家。正定新城铺、唐县一带是鲜虞开始进入的地区。《左传·昭公十二年》记："晋伐鲜虞。"《春秋左氏经传集解》记："鲜虞……中山新市县。"《一统志》载："新市故城在今正定府新乐西南四十五里。"又《括地志》载："中山故城，一名中山亭，在定州唐县东北四十一里，春秋时鲜虞国中山邑也。"唐县是鲜虞中山东进太行山区第一个基地，其活动时间可能在公元前555年以后的百余年间[29]，"故郡东周时代古城、墓葬，居址延续时间长、层次明确，内涵丰富，不但可以完善春秋战国史缺环，而且为北方民族历史文化研究打开了一个重要窗口……强烈地反映出华夏系统文化与北方族群之间的融合进程。"[30]中山之名始见于《左传·定

图八 虎噬鹿立体金铜器座

公四年》："……水潦方降，疾疟方起，中山不服，弃盟取怨，无损于楚，而失中山，不如辞蔡侯。"此前史籍多言鲜虞，不言中山。鲁定公四年（公元前506）起始见中山之名，此时已到春秋晚期。

关于鲜虞中山和战国中山之关系，曾进行过多次讨论。一种意见认为战国之中山是春秋鲜虞（中山）的延续。春秋鲜虞，白狄，姬姓，战国中山也是姬姓。特别是王厝墓中出土除成套的符合王一级的周代礼器外，还见有双翼神兽、虎噬鹿立体造型器座（图八）等北方青铜器，时代已到战国中晚期，一般认为属戎、狄文化性质和题材的文化遗物[31]。

另一种意见认为，战国中山与春秋所建的鲜虞非一国，也非一姓。因此战国中山和春秋鲜虞的历史不相联系，君统不属一系[32]。鲜虞在春秋以后下落失记，当为晋所灭。春秋鲜虞和战国中山只有地域方面的联系，君统不相属。从战国中山王厝墓所出土三器铭文可证，战国时代之中山系周王室子孙，与周同姓，为姬姓之国。又据《国语·周语》，鲜虞"狄，隗姓也"。近人段连勤也认为是狄、隗姓，为白狄一支。鲜虞出自狄族，传世有狄氏壶，狄即杕。《国语·周语》有"臣委质于杕之鼓"，是鲜虞、鼓、肥均为狄族[33]。

看来第一种看法比较可信，也逐渐为学术界所认可。太行山东麓戎狄文化可以考虑其为白狄鲜虞中山文化，其主要分布在西北大同的李峪、东面的阳源、蔚县，太行山东麓保定、石家庄市西部山区、晋东各县，呈西北东南斜长地形排列。其活动时期主要是春秋到战国初期。上述这一区域发现的同期墓葬，太行山区为积石塚和土坑墓，遗物组合基本为青铜礼器、北方式青铜器、金器、青铜武器。据战国中山王厝墓大铜鼎铭文推测，白狄鲜虞大约在公元前414年中山武公时立国，经七代到王尚灭国共119年，其族群遗民文化至少传承到战国中期以后，而后逐渐为赵、燕两大国所融合。

春秋时期，白狄鲜虞文化和延庆怀来盆地的玉皇庙文化关系最为密切。玉皇庙墓地共发掘墓葬500多座，其中葬制、葬式、遗物和太行山东麓的戎狄文化有诸多相同之处：以土坑为主，用牛、马、羊、狗解肢头蹄牲殉，大型贵族墓出青铜礼器。特别是富有代表性的游牧民族文化遗物，如金项饰、虎形牌饰、金丝腕饰、双直耳铜鍑，反映了白狄鲜虞文化和延庆怀来盆地的玉皇庙文化的重要关系。玉皇庙墓地葬制、葬式、遗物的特点和太行山东麓戎狄文化也各有不同，很可能是文化和时空差异而形成的。玉皇庙墓葬以长方土坑墓为主，大者为凸字形，无腰坑、无壁龛，祭牲用马、牛、羊、狗殉葬，少数贵族墓葬用周代礼器随葬，但不按周礼配套，出土大量北方系青铜器，富有代表性的是大量直刃式青铜短剑，金质或铜质虎形牌饰、项饰、金丝腕饰，青铜工具双直耳铜鍑等。

怀来、阳原等地铜器基本和玉皇庙文化相近，而太行山东麓的戎、狄文化墓葬出土物，在游牧文化遗物方面和玉皇庙文化几相一致，但也有很多不同。在行唐故郡发掘的墓葬为土坑和石椁墓共存，贵族墓基本是积石塚木棺，石椁中有木椁（棺）和壁龛，以存随葬物，见有腰坑，有大型牲殉，贵族普遍用周代礼器随葬且基本遵从周礼配套下葬，兽柄首直刃式青铜短剑不见，而中原花格剑、扁茎剑、素面青铜工具、环首刀大量增多，不见铁器。贵族墓多有随葬车马坑，有繁缛豪华的马服饰出现。

玉皇庙文化的族属已定为山戎，但仍有一些不同看法。西周中晚期到春秋时期，冀北的少数民族主要是山戎，但山戎历史上因地处不同而有不同的称谓出现。《竹书纪年》："宣王四十年，晋人取北戎于汾、隰。"《后汉书·西羌传》："平王二年，邢侯大破北戎。"此事可见元氏出土臣谏簋铭，记邢侯伐戎事。《春秋左氏经传集解》记："桓公六年，北戎伐齐。"同书又记："庄公三十年，齐人伐山戎。"杜预注："山戎，北戎。"此事同见于《史记·齐太公世家》（时间较《左传》所载晚一年），可以看出"北戎即山戎"。晚出的一些著作认为"代戎（今河北蔚县）亦即北戎"。大体山戎即北戎的说法是对的，活动时间在西周中期为高峰，可晚到春秋。

白狄鲜虞应是狄族的一支，从晋西北而东南进入太行山区，也和玉皇庙的山戎文化有直接的联系。应该不属山戎，受中原华夏文化影响较深，一如周朝礼制、文化、丧葬习俗则影响更深。

本文所举墓例出土铜器多配套出土，具有重要科学研究价值。但因对这一文化整体发掘少，尚缺少层位方面的比较研究，这一问题尚待有关遗址和墓葬的全面揭露。

① 郑绍宗：《唐县南伏城及北城子出土周代青铜器》，《文物春秋》1991年第1期。

② 胡金华、冀艳坤：《河北唐县钓鱼台积石墓出土文物整理简报》，《中原文物》2007年第6期。

③ 河北省文化局文物工作队：《行唐县李家庄发现战国铜器》，《文物》1963年第4期。

④ 河北省文物研究所：《行唐县庙上村、黄龙岗出土的战国铜器》，载《河北考古文集》，东方出版社，1998年。

⑤ 河北省博物馆、文物管理处：《满城、唐县发现战国时期青铜器》，《光明日报》1972年7月16日第三版。

⑥ 保定市文物管理所：《河北顺平县坛山战国墓》，《文物春秋》2002年第4期。

⑦ 河北省文化局：《河北省涞水县永乐村发现一批战国铜、陶器》，《文物参考资料》1955年第12期。

⑧ 未正式发表报告。

⑨ 贺勇、刘建中：《河北怀来甘子堡发现的春秋墓群》，《文物春秋》1993年第2期。

⑩ 河北省文化局文物工作队：《河北怀来北辛堡战国墓》，《考古》1966年第5期。

⑪ 商承祚：《浑源彝器图》，金陵大学中国文化研究所，民国二十五年（1936）影印本。

⑫ 山西省考古研究所：《山西浑源县李峪村东周墓》，《考古》1983年第8期。

⑬ 李有成：《定襄县中霍村东周墓发掘报告》，《文物》1997年第5期。

⑭ 戴遵德：《原平峙峪出土的东周铜器》，《文物》1972年第4期。

⑮ 山西忻州地区文物管理处：《原平县刘庄塔岗梁东周墓》，《文物》1986年第11期。

⑯ 河北省文物研究所：《河北新乐中同村发现战国墓》，《文物》1985年第6期。

⑰ 文启明：《河北灵寿县西岔头村战国墓》，《文物》1986年第6期。

⑱ 河北省文物研究所：《战国中山国灵寿城》，文物出版社，2005年。

⑲ 彭裕商：《春秋青铜器年代综合研究》，中华书局，2011年。

⑳ 山西省文物管理委员会侯马工作站：《山西侯马上马村东周墓葬》，《考古》1963年第5期；王敏之：《河北唐县出土西周归父敦》，《文物》1985年6月。

㉑ 山东大学考古系：《山东长清县仙人台周代墓地》，《考古》1998年第9期。

㉒ 洛阳市文物工作队：《洛阳市613所东周墓》，《文物》1999年第8期。

㉓ 中国社会科学院考古研究所洛阳唐城队：《1983年洛阳西工区墓葬发掘简报》，《考古》1985年第6期。

㉔ 台北历史博物馆、河南博物院：《瑰宝重现——辉县琉璃阁甲乙墓器物图集》，大象出版社，2003年。

㉕ 河南省博物馆、淅川县文管会、南阳地区文管会：《河南淅川县下寺一号墓发掘简报》，《考古》1981年第2期。

㉖ 湖北省文物考古研究所：《湖北麻城市李家湾春秋楚墓》，《考古》2000年第5期。

㉗ 山西省考古研究所、太原市文物管理委员会：《太原金胜村251号春秋大墓及车马坑发掘简报》，《文物》1989年第9期。

㉘ 段连勤：《北狄族与中山国》，河北人民出版社，1982年；刘来成、李晓东：《试谈战国时

期中山国历史上的几个问题》，《文物》1979年第1期；李学勤、李零：《平山三器与中山国史的若干问题》，《考古学报》1979年第2期；李学勤：《平山墓葬群与中山国的文化》，《文物》1979年第1期；河北省文物研究所：《䤾墓——战国中山国国王之墓》，文物出版社，1995年。

㉙ 郑绍宗：《唐县南伏城及北城子出土周代青铜器》，载《北方考古研究（三）》，中州古籍出版社，1998年。

㉚ 故郡考古队：《河北行唐故郡遗址考古发掘取得重要收获》，《中国文物报》2018年2月23日第5版；河北省文物研究所、中国社会科学院考古研究所、石家庄市文物研究所、行唐县文物保护管理所：《河北行唐县故郡东周遗址》，《考古》2018年第7期。

㉛ 河北省文物研究所：《䤾墓——战国中山国国王之墓》，文物出版社，1995年；刘来成、李晓东：《座谈战国时期中山国历史上的几个问题》，《文物》1979年第1期；李学勤：《中山墓葬群与中山国文化》，《文物》1979年第1期。

㉜ 黄盛璋：《关于战国中山国墓葬遗物若干问题辩正》，《文物》1979年第5期。

㉝ 段连勤：《北狄族与中山国》，河北人民出版社，1982年。

（作者单位：河北博物院）

徐悲鸿为什么特别推崇任伯年的画

佟　刚

徐悲鸿和任伯年都是中国近代以来的杰出画家，二人均出生在画家辈出的江浙地区。1895年任伯年去世，同年徐悲鸿出生。徐悲鸿一生夸赞过的古今中外画家很多，而像任伯年这样，其作品受到徐悲鸿特别的喜爱和推崇，则是唯一的一例。

为什么在洋洋大观的近代中国绘画作品中，徐悲鸿唯独特别欣赏任伯年的画呢，这个问题需要从两个人的绘画创作中去寻找答案。

一、徐悲鸿绘画的民族性与时代性

徐悲鸿的中国画突出的特点是借西方写实绘画之所长，对中国传统写意绘画进行改造，开创了新的中国大写意图式，在中国写意绘画的题材和技法上极大丰富了中国传统绘画的内涵和表现力。

在绘画题材上，徐悲鸿创作了大量反映中国现实和中国古人高尚情操的人物画作品，比如《愚公移山》《九方皋》《巴人汲水》《会师东京》等等。这些作品，或借古喻今，或托情比兴，以绘画语言反映中国的现实与时代精神，以全新的写意绘画的方式抒发自己的社会理想和人们对美好生活的憧憬。突破了传统中国画的表现范畴和表现旨趣。在绘画技法上，徐悲鸿更是前无古人，把西画写实美术的理念和技法，融入中国传统大写意之中，独创新格，开创了具象而概括的以形写神的新审美境界。

从中国美术史来看，"入世""出世"的情怀始终左右着历代画家的创作初心。以艺术的形式反映社会现实、直指是非善恶，是画家观察社会现象、揭露和思考社会矛盾的"入世"选择，而寄情于山水花鸟，寻求笔墨趣味，则是画家独善己身、回归自我内心的"出世"选择。一些画家两者兼而有之，在花鸟和山水绘画中，表达着对社会矛盾所造成的人间苦难的不满和控诉。比如徐青藤和八大山人，借大写意花鸟来表达自己内心对现实的反抗，但这种反抗是含蓄的，或者是一种曲意表达，并不涉及具体社会现象和社会大众的心声，只是画家本人对自己人生境遇不满的一种宣泄。更多画家的作品反映的是"出世"的情怀，表达的是一种与世无争或世外桃源式的宁静和唯美，以山水花鸟表现人们对安宁富足生活的向往。特别是明清以降，空灵雅逸的山水和细腻明艳的花鸟成为画家们创作的主要题材，而他们创作的人物画题材，无外乎是"携琴访友""寒江独钓""渔樵耕读"或者"八仙""麻姑"等带有吉祥寓意的固定传统内容的作品，绝少与现实社会不良现象和保守的旧秩序抗争的"入世"型创作。

19世纪末20世纪初，救亡图存的民族解放运动成为中国的时代潮流。在政治、经济、文化、艺术、医学等各个领域产生了一大批学习西方优秀"工具理性"和"制度理性"、以此改造中国传统社会弊端的时代精英。这种学习西方、求变自强的时代潮流是百年来中国社会发展的主流，也是今天中国逐步走向强盛的基础。这种潮流反映在绘画上，使得中国绘画在

图一　徐悲鸿《九方皋》

清中期"扬州八家"、清代晚期"海上画派"等绘画革新的基础上，又有自身新的应时代发展需要的更大要求。在这个大背景下，徐悲鸿倡导并践行的写实美术可谓"应时而生"。

徐悲鸿无疑是入世型的画家，他的人物和动物绘画往往直接反映社会状况、社会矛盾和民族抗争，绘画技法也突破古人而富于真实的表现力。比如徐悲鸿反复创作的《九方皋》（图一），他以中国古代九方皋相马的故事，表达了中国应该"不拘一格降人才"的社会迫切要求。

徐悲鸿对中国绘画的革新是空前的，但他的思想却不能称为激进，他很尊重中国古代优秀传统，主要还是以儒家思想来指导自己的绘画创作。他的绘画改革目的是为了丰富中国画的表现力，克服中国绘画陈陈相因、不反映现实的弊端，所以徐悲鸿的中国画革新不是对传统的反叛背离，而是对传统继承上的创新，他的绘画是建立在中西绘画理念和技法上的精深的艺术，而不仅仅是技法上的简单相加。

徐悲鸿在对中国人文传统和中国传统绘画的认知方面与鲁迅有许多相通之处，但总的来说不及鲁迅等人的思想激进。对于中国绘画，鲁迅说："我们的绘画，从宋以来就盛行写意，两点是眼，不知是长是圆，一画是鸟，不知是鹰是燕。竞尚高简，变成空虚……"[①] "中国的诗歌中，

有时也说些下层社会的痛苦，但绘画和小说却相反，大抵将他们写得十分幸福，说是'不识不知、顺帝之则'，平和得像花鸟一样。"[②] 徐悲鸿则认为："中国画自明末以来三百多年，便处在这种毫无生气、陈陈相因的积习中，期间虽然出现过少数优秀的画家，但整个国画界的风气是守旧的，画每一笔都要有来历，都要模仿古人，毫无生气和创造，思想和笔墨都僵化了。"[③]

徐悲鸿从中国古代传统绘画入手，学习油画的写实技法，对传统中国写意水墨进行革新，这是对中国传统绘画的一种"扬弃"。徐悲鸿的创作，正如他1918年在北京大学画法研究会担任导师时所言那样："古法之佳者守之、垂绝者继之、不佳者改之，未足者增之，西方绘画之可采入者融之。"所以，徐悲鸿的选择也是中国绘画的时代选择。回顾一百年来中国绘画的发展可以看到，中国绘画完全从中国传统中寻求营养以实现自身的转型与全盘转向西方现代主义绘画，都不适合中国绘画发展的国情，徐悲鸿的美术探索和创新可以说是百年来中国美术发展的题中应有之义。

徐悲鸿对中外美术进行了多年细致研究，对古今中外绘画作品形成了自己的评判标准，他对于西方自文艺复兴以来的绘画大师，比如达·芬奇、拉斐尔、米开朗

琪罗、鲁本斯、德拉克罗瓦等人的作品褒奖有加，对于中国唐宋绘画优秀传统和明清以来的陈洪绶、扬州八怪及任伯年等人的作品也是称颂不已。其中，徐悲鸿对任伯年的作品更是表示了持久的崇高敬意。徐悲鸿对一位画家的作品能这样的推崇，是绝无仅有的。这其中的原因是多方面的，而其中主要的一个原因，是因为任伯年也是一位对传统绘画进行成功改良的具有写实性的画家。

二、"丹青来自万物中"——任伯年的画

任伯年的画，给人直观的印象是活泼而简约。活泼，是他笔下的人物、花鸟都很有生趣，毫不刻板。简约，就是他的构图、笔墨和颜色的取舍搭配非常得当而无罗列堆砌之病。

任伯年的画题材广泛，肖像、人物故事、动物、花鸟，简直无所不包，而且工笔和写意都有，面貌多样，且同一题材的画又毫无雷同之感，这在历代画家中也属凤毛麟角。任伯年的绘画创作，正像他在一幅《斗牛图》中曾题写的那样："丹青来自万物中"，他的画，外师造化，而能得造化之真趣。

任伯年儿时在父亲任鹤声的指导下学习绘画，父亲擅长人像写真，对任伯年影响很深。少年和青年时期，他得到当时卓有名声的画家任熊和任薰的传授，画艺大进。同时，他又上追陈老莲、萧云从、新罗山人及费丹旭等诸家，揣摩、临习他们对人物的描写，而能进一步形成了自己的风格。

任伯年早年画人物及肖像画，十六岁之后来到上海，开始着力于花鸟及动物画，以没骨法为主，近师恽南田，远师"两宋"，他在自己的作品中经常题写"法南田翁""南田翁大意""略师宋人设色""拟宋人设色"等等。但他作品的用色又与恽南田和宋人的恬淡雅洁不同，

往往更加突出对比而显得大起大落。他的用笔也留有笔触，不加涂抹，更有运笔恣肆、迅疾的自身风格。

任伯年临摹古人画作，更注重观察生活。所以他的笔下的花鸟走兽多是自然界所习见的动植物，而没有传统绘画中程式化的奇花异卉、珍禽异兽，人们对他笔下的各种形象感到亲切和熟悉，显示出任伯年敏锐的观察力、写生能力及提炼能力，否则画不出那样栩栩如生的形象。关于任伯年对动物的观察，坊间流传有很多故事。比如他刚到上海时，很不得志，有时去一个叫春风楼的地方喝茶，春风楼的楼下是一个羊圈，于是他边喝茶边看羊，同时用手在衣服上比划，"日久对之，画羊得其神理"。[④]上海画界还流传着任伯年趴在屋顶上观察猫的故事等等。我们欣赏任伯年的画，看到他画的各种姿势的麻雀、燕子、翠鸟、八哥，看到他笔下的芭蕉、紫藤、绣球、水仙，看到人们熟知的牛、羊、犬、猫，就知道这些关于他细心观察的故事是十分真实的。任伯年的这种观察和写生，也使得他的画与其他画家有很大不同，因为同时代的大部分画家还在津津乐道和致力于临习古人的范本，以画得像古代某某家或采用了古代某某家的笔法墨法为荣，画出来的作品与任伯年自然大相径庭。任伯年这种对生活的观察和领悟，以及长期的写生训练，造就了他的人物画和肖像画的生动逼真，花鸟画和动物画的生机蓬勃、天趣盎然。

三、"仇十洲之后中国画第一人"

"仇十洲之后中国画第一人"是徐悲鸿在他1950年所作《任伯年评传》中对任伯年的评价。仇英是明代中期画家，徐悲鸿此誉，把任伯年的画名排在了陈老莲、徐青藤、四僧、吴悰之前，排在了扬州八家之前，更是排在了"四王"之上。无独有偶。在徐悲鸿之前，

与任伯年同时代且同为画坛海派巨擘的吴昌硕把任伯年尊为"画圣"，中国美术史上能称"画圣"二字的，恐怕只有盛唐的吴道子，由此可见任伯年在当时画界的地位之高。1926年春，徐悲鸿曾把任伯年的作品带到法国，给法国画家、徐悲鸿的油画老师达仰观赏，达仰看后兴奋地题写道："多么活泼的天机，在这些鲜明的水彩里。多么微妙的和谐，在这些如此致密的彩色中。由于一种如此清新的趣味，一种意到笔随的手法——并且只用最简单的方术——那样从容地表现了如此多的事物，难道不是一位大艺术家的作品么？任伯年真是一位大师。"对此，徐悲鸿在《任伯年评传》记叙道："达仰为近代法国大画家之一，持论最严，其推许如是，正可依为论据也。"

《任伯年评传》一文是徐悲鸿晚年所写，文章首先简要记叙了任伯年的生平和任伯年绘画创作的经历和特点。之后记叙了自己与任伯年后人的交往及自己收藏多幅任伯年作品的往事，由此展开对任伯年作品的评议。徐悲鸿认为，学画必须从人物入手，且必须能画人像，方见功力。从这点上看，"古今真能作写意画者，必推伯年为极致"。其他那些擅长写意的画家都只是擅长表现兰草木石，虽然画得很逸妙，但一遇到要表现人物、动物，就不能得心应手、形色逼真了。而任伯年绘制人像、人物、山水、花鸟，无论是工写、粗写，莫不高妙，任伯年高超的艺术表现力一方面是由于他在创作中能够做到"博精"，另一方面也是由于他绘画天赋的自然展现。

四、"外师造化""以形写神"的古今传承

徐悲鸿写作《任伯年评传》时是1950年，新中国刚刚建立，徐悲鸿不顾患病的身体和教学管理事物的繁杂，构思并创作

了《毛主席在人民中》《鲁迅与瞿秋白》《骑兵英雄》等油画作品，他在1950年发表的《当今年画与我国古画人物之比较》一文中说："凡是摹写生产模范、战斗英雄等等，某某真人创造某件真的历史，用绘画来表现，实在难过于画出腾云驾雾的东皇太一（离骚九歌），抚松而盘桓的陶渊明！"

徐悲鸿一直把人物画和肖像画的创作，视为绘画的重要门类。徐悲鸿认为，描写人物是明末以来中国传统绘画最薄弱的环节，画家往往都是在模仿古人画一些山水和花鸟，一味讲求清高风雅，而不擅长描绘人物来表现鲜活的现实和情感，这是徐悲鸿特别推崇任伯年的一个重要原因。因为任伯年的诸多人物绘画能够取材于现实生活，表现中国普通人的精神情感，并且能够达到形神兼备的艺术境界。任伯年的人物绘画，借用古代典籍表现时代的伤痛和现实生活中人们的忧思和希冀。从这一点上说，任伯年作品的立意和作品的思想性远远高于其他画家。比如任伯年一画再画而回回构图不同的《关河一望萧索》《苏武牧羊》《故土难忘》《猴戏图》《五谷丰登》等作品，展现了任伯年热爱国家、体恤平民的人文情怀。同时，任伯年在表现人物时，其构图、笔墨和设色，都别开生面。画面轻重得益，线条干净简练，色彩鲜明而和谐。

任伯年在塑造人物和动物时，注重真实描写人物和动物的体态，这得力于他幼时打下的写真的坚实基础，也由于他领悟了西方人物画和动物画的写生方法。任伯年平时有用铅笔速写的方法和习惯，所以长期积累下来，他笔下的人物动物能画得很真实，比例、骨骼、肌肉、关节等造型都符合生活而不是似是而非，给观者熟悉的感觉。比如《关河一望萧索》中他画的人物和立马，均以背部造型，但人搭在马背上的手臂和马对主人的呼应描写真实，结构符合生理解剖，因而完全没有生硬的感觉，看上去非常舒服自然（图二）。虽

然评论绘画艺术的高低不是以造型的准确
与否为标准，但在那个写实衰落的年代，
能够把人物动物表现得如此生动和符合生
活场景，很具有复兴唐宋优秀传统的意
味，这是一种求真务实、开放包容的艺术
创作理念，摆脱了晚明和有清一代绘画的
所谓正统观念，符合清朝末年广大新兴市
民阶层的审美需要，因而也是中国绘画时
代变革的需要。

任伯年常画的人物题材非常广泛，
除了上述所说的借古人来抒发自己的思想
感情的题材，还有很多历史故事题材，如
《羲之爱鹅》《赤壁夜游》《米芾拜石》
《小红低唱我吹箫》等，还有中国民间故
事和神话传说，比如《风尘三侠》《紫气
东来》《华祝三多》《群仙祝寿》等，也
有传统常见的八仙、钟馗等人物。

此外，他的作品还有诸多来自现实
生活的题材，如《牧童》《儿童斗蟋蟀》
《荷塘采菱》《瓜棚纳凉》等等，一般坊
间常见的仕女画也有不少。任伯年的这些
人物画，不仅题材范围广泛，有的题材还
反复多次画过，但每幅画构图都不尽相
同，很见创作的用心和功力，可以看出画
家在画中凝聚的爱憎之情。

任伯年的花鸟画用没骨画法来画写
意，在用笔设色上他学习青藤白阳和八
大、新罗山人。尤其是华新罗，任伯年多
次在自己的画上题写"师新罗山人而稍变
其法"等，他说新罗山人的用笔"如公孙
大娘舞剑器浑脱，浏漓顿挫，一时莫与争
锋"。所以，任伯年绘画用笔的挥洒自
如，除了有二任和陈老莲的影响，受华新
罗的启发也是很重要的一个方面。任伯年
汲取中国历代花鸟画高手的成就，加以融
合变化，形成自己的写意花鸟画风格。所
以他的花鸟画对传统技法进行分析和继
承，加以自己对生活的观察和感悟，所以
生机盎然，不落前人窠臼。

任伯年的花鸟画给人的直感是色彩
清新而微妙。他既能用没骨法，也能双钩
填色，但无论哪种画法，均流露出其独有

图二 任伯年《关河一望萧索》

图三 任伯年《群鸡》

优秀样板。

五、结语

通过以上对徐悲鸿和任伯年的作品及创作的概述，我们或许已经知道为什么徐悲鸿对任伯年的作品非常喜爱了。

首先，任伯年在人物绘画的写实性方面卓有建树，他笔下的人物、动物形象真切动人，突破了文人画旧有的题材和程式化表现。同时任伯年的人物绘画具有鲜明的忧国忧民的思想倾向性，具有时代的新风范。

其次，任伯年的花鸟画在构图、笔墨设色乃至构图的取舍上，都突破前人的成法，以精炼的笔墨向观者展示了造物的丰富和生命的勃勃生机。

再有，任伯年具有观察生活的意识，真正得到了古人以造化为师而进行创作写生的真谛，他的作品表现鲜活的生活，而不是表现固有的程式和孤高自赏的概念。

图四 徐悲鸿《群鸡》

的洒脱不羁的风范。这反映了任伯年对纸笔色墨的把控能力和运用色彩的独特表现力。

除了运笔设色，任伯年花鸟画一个重要特点在于他对写意绘画疏密轻重法则的应用。任伯年的花鸟画看似随意，但可以分解成几大部分，每一部分都互相联系和相互作用，疏密得当、轻重兼顾，构成一个整体。并且随着画幅的长短，经营上下左右位置，画面很有气势而不松散。

所以任伯年的绘画正是对中国古代画论"师法造化""以形写神"的很好体现和传承。也是绘画要"笔墨应随时代"，绘画创作要"因人而变""因时而变"的任伯年的绘画虽然也是写意画，但他的写意精神已突破旧有的规范和同时期的画家，更有时代精神内涵，更符合大众的欣赏口味。我们可以看到，任伯年所做的，也都是徐悲鸿一生坚持并身体力行的美术创作准则。

任伯年的写意画已经有意识地融入一些西方写实绘画的理念，他笔下的人物、动物形体准确，姿态灵活，并有空间感。在这方面，徐悲鸿比任伯年走得更远更彻底，把素描的立体和质感及油画的光影完全融入到中国写意画中。由此也可以看出，任伯年和徐悲鸿的戛戛独造是中国绘画时代发展的潮流所向。他们的作品都表现出精湛的造型能力和以写实为基础的艺术表现力，在很多方面颇有异曲同工之妙（图三、图四）。

正是由于上述原因，徐悲鸿喜爱和推崇任伯年的作品，他根据任伯年的生前照片绘制了任伯年的油画肖像，通过各种机会收藏了任伯年的作品几十幅，他晚年撰写的《任伯年评传》，记叙他对任伯年及其作品的研究，并借达仰对任伯年作品的评语表达了他对任伯年艺术的由衷赞赏。同时徐悲鸿对任伯年的评述也是比较客观的，他在《任伯年评传》中写道："伯年为一代明星而非学究，是抒情诗人而未为诗史，此则为生活职业所限。方古之天才，近于太白而不近于杜甫。"

①鲁迅：《且介亭杂文末编·记苏联版画展览会》，江西教育出版社，2019年。

②鲁迅：《集外集拾遗》，人民文学出版社，1973年。

③廖静文：《徐悲鸿一生》，中国青年出版社，1982年。

④王靖宪：《任伯年其人其艺》，载《朵云》第五十五集，上海书画出版社，2002年。

（作者单位：徐悲鸿纪念馆）

大兴旧宫西周遗址发现与初步认识

北京市文物研究所

2018年10月至12月，为配合大兴区旧宫镇镇区农村集体经营性建设用地入市试点项目，北京市文物研究所对该区域进行考古调查、勘探后发现古代文化遗存，范围约7万平方米。报经国家文物局批准，北京市文物研究所于2019年4月至11月对该遗址进行考古发掘，发掘面积6000平方米，确认此处是一处西周早中期的小型聚落遗址。

一、遗址地理位置

旧宫西周遗址位于北京市大兴区旧宫镇旧宫三村，北邻灵秀山庄小区，西邻旧桥路，东侧、南侧延伸至五环路北侧绿化带，东北约700米为凉水河（图一）。遗址属北京东南部永定河冲击洪积平原，中心点坐标 N39°79′37″、E116°45′86″，海拔约35米。

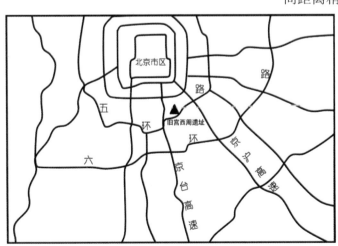

图一 遗址位置示意图

二、遗址概况

遗址所在区域地势平坦，原为耕地，后改为工业厂房，厂房拆除后地表留有渣土，在清理渣土过程中，大部分耕土层被破坏。根据考古发掘情况，遗址所在区域原为一个斜坡状高地，高地西侧、北侧为古河道，遗址主要分布在高地的顶部，中心区域南北向呈椭圆形，遗迹数量及文化层厚度逐渐向周边递减。遗址的文化层堆积厚度约1.3米，内涵主要以西周时期的文化层堆积为主体，另有零星战国、金元、明清时期遗存。本次考古发掘以地块的西南角为基点向东北侧布方，共布设10米×10米探方55个，其中遗址中部布设探方16个、北部布设探方9个、西侧布设探方30个，布设探沟4条，分别位于遗址北侧、东侧和西南侧。

本次考古发掘面积较大，布方区域之间距离稍远，因此在地层堆积上也略有差异。西周遗址中部被一条东西向金元时期道路打破，在道路两侧约25米的地方，均出现同时期的文化层，且厚度向两侧递减。部分发掘区域不见金元时期文化层，在明清时期文化层以下即为西周时期文化层。在北部探方明清文化层下发现有不明显的战国文化层，出土少量战国时期遗物。除发掘中部区域⑤层以下为生土层外，其余区域均④层以下为生土层，生土均为黄色沙质黏土。现以中部T1514北壁为例，

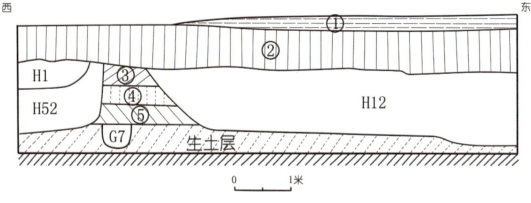

西 东

图二　T1514北壁剖面图

介绍如下（图二）。

①层：现代耕土层，厚0.1～0.25米，被现代建筑破坏，部分探方未分布。土色为深灰色，土质为沙质黏土，较致密，包含有较多炭屑颗粒，出土物多为近现代砖瓦碎片，伴有少量近现代陶瓷片。

②层：明清层，厚0.3～0.45米，为浅黄色粉沙土，质地较软，较疏松，包含较多灰色黏土块，出土少量瓷片，多为青花瓷片，可辨器型有碗、盘等。地层堆积为水平状，推测为明清时期。

③层：金元层，厚0.3～0.5米，为浅灰色粉状黏土，质地较软，较疏松，包含少量浅黄色斑点，出土少量碎砖块、板瓦片及钧瓷片。地层堆积为水平状，推测为金元时期。

④层：西周第二层，厚0.3～0.4米，为浅褐色粉质黏土，较致密，包含少量浅黄色斑点，少量料礓石块，出土大量陶片，多为夹砂、夹蚌灰陶，饰有绳纹。地层堆积为水平状，推测为西周时期。

⑤层：西周第一层，厚0.2～0.25米，为浅黄色沙质黏土，较致密，包含少量红烧土粒，少量料礓石块，出土大量陶片，多为夹砂灰陶，饰有绳纹。地层堆积为水平状，推测为西周时期。

三、遗迹与遗物

遗址内共发现西周时期房址2座、墓葬16座、灰坑葬3座、灰坑262个、祭祀坑2座，出土较完整陶器、石器、骨器等40余件。现将西周时期主要遗迹与遗物情况介绍如下：

（一）遗迹情况

1. 房址

F1位于T1615北部，开口于⑤层下，东南角打破H221并被H143打破。F1为浅地穴式房屋，方向90°，上部无存，仅存下部屋穴，平面呈长方形，东西长4.46米，南北宽2.3～2.73米，深0.2米（图三）。开口边缘形态明显，直壁平底，地面规整，底部有明显踩踏面，中部有1个直径约2米的不规则圆形垫土，厚度0.05米。南壁西侧为半圆形踏步。西北角残留烧灶，呈喇叭形，残高0.1～0.15米，灶东侧沿北壁分布有大量红烧土烧结面，平面形状不规则，比屋内踩踏面略高。F1共发现7个柱洞，其中屋内有4个柱洞，分别编号为D1、D2、D3、D4，开口平面

图三　F1

均近圆形，呈锅底状。D1位于F1中部偏西，外口直径0.3米，内口直径0.2米，深0.5米。D2位于F1南壁偏东，外口直径0.15米，内口直径0.1米，深0.48米。D3位于F1北壁偏东，外口直径0.19米，内口直径0.1米，深0.13米。D4位于F1西南角，外口直径0.25米，内口直径0.18米，深0.1米。4个柱洞填土呈环状，内圈填土均为灰褐色，土质较软，结构较疏松，呈蜂窝状，外圈为浅褐色，土质较硬，结构较致密。屋外有3个柱洞，分别编号为D5、D6、D7，平面呈圆形，直径0.08米，深度约0.1米，北壁外正中及东北角、西北角外侧各1个，内填土为灰褐色。

F2位于T1215中部，开口于④层下，西南角上半部被H529打破，向下打破生土层。F2为浅地穴式房屋，方向90°，上部无存，仅存下部屋穴，平面形状近正方形，东西长2.5米，南北宽2米，深0.18米（图四）。开口边缘形态明显，直壁，底部较规整，底部中间发现明显踩踏面。北壁东侧有一半圆形踏步，踏步中间留有两块砾石。屋内东北侧有一月牙形烧土块，东北角屋外有一椭圆形烧土痕迹与北壁相连，疑为烟道。在房屋内发现2个柱洞，编号分别为D1、D2，D1位于F2中部偏北，开口平面近圆形，直径约0.1米，深约0.4米，D2位于F2东北角，开口平面近圆形，直径约0.1米，深约0.4米，两个柱洞填土均为灰褐色，较软，呈蜂窝状，含有少量烧土颗粒。

2.墓葬

（1）竖穴土坑墓

竖穴土坑墓16座，方向大体可分为东西向和南北向两种，其中仰身直肢葬15座、俯身直肢葬1座。墓葬大多无随葬品和无葬具，骨骼形态保存较完整。

M1 位于TG1北部，开口于③层下，打破④层，方向345°，无明显墓圹，墓内发现人骨一具，长约1米，仰身直肢，骨骼钙化严重，残存部分头骨及下肢骨，骨架瘦小，推荐应为儿童，未见随葬品及葬具。墓内填土为浅黄色黏土，土质较硬，含有极少量烧土颗粒（图五）。

M2 位于T1516东北部，开口于⑤层下，北部被现代坑打破，向下打破生土层，方向0°，南北长2.5米，东西宽0.65米，墓口距墓底深0.26米。墓口平面呈长方形，直壁平底，墓内发现人骨一具，保存较完整，仰身直肢，面朝上，双手交叉放于腹前，双脚合拢，未见随葬品及葬具（图六）。墓内填土为灰黄色黏土，土质较软，结构疏松，含有少量烧土颗粒。

M3 位于T1516中北部，开口于⑤层下，北部被现代坑打破，向下打破生土层，方向345°，南北长1.7米，东西宽0.52～0.6米，墓口距墓底深0.1～0.4米。墓口平面呈长方形，直壁，底部略呈斜坡状，墓内发现人骨一具，头高脚低，人骨头部被现代坑打破，仅存小部分下颌骨，其余保存完整，仰身直肢，面朝上，双手下垂，右手置于身前，左手置于身后，双脚合拢，右脚掌位于左脚掌之上，未见随葬品及葬具（图七）。墓内填土为

图四 F2

图五 M1

图六 M2

图七 M3

灰黄色黏土，土质较软，结构疏松，含有少量烧土颗粒。

M4 位于T1616南部，下半部压在T1615北侧隔梁下，开口于⑤层下，向下打破生土层，方向15°，南北长1.28米，东西宽1.08米，墓口距墓底深0.65米。墓口平面呈长方形，直壁平底，墓内发现人骨一具，保存较完整，仰身直肢，面朝东，右手呈握拳状放于胸前，左手下垂于身后，双脚合拢。墓西北角外扩半圆形壁龛，无龛顶，龛内放陶鬲1件，鬲底与墓底位于同一平面，未见葬具（图八）。墓内填土为浅灰色黏土，土质较软，结构疏松，含有少量烧土颗粒。

M5 位于探方T1716西北部，开口于⑤层下，向下打破生土层，方向345°，南北长2米，东西宽0.65米，墓口距墓底深0.2米。墓口平面呈长方形，直壁平底，墓内发现人骨一具，保存较为完整，仰身直肢，面朝上，双手垂于身体两侧，双脚合拢，未见随葬品及葬具（图九）。墓内填土为浅灰色黏土，土质较软，结构疏松，含有少量烧土颗粒。

M6 位于T1816南部，开口于⑤层下，墓葬西半部被现代坑打破，向下打破生土层，方向90°，东西长1.89米，南北宽0.5米，墓口距墓底深0.16米。墓口平面呈长方形，直壁平底，墓内发现人骨一具，髋骨以下被现代坑打破无存，俯身直肢，面朝南，双臂垂于身侧，未见随葬品及葬具（图十）。墓内填土为灰黄色粉质黏土，土质较软，结构疏松，含有少量烧土颗粒。

M7 位于T1817中部偏东，开口于⑤层下，西北部被H356打破，向下打破生土层，方向325°，东西长1.6米，南北宽

图八 M4

图九 M5

图十 M6

0.5米，墓口距墓底深0.2米。墓口平面呈长方形，直壁，底部略呈斜坡状，墓内发现人骨一具，仰身直肢，头骨无存，人骨整体向H356内倾斜，脚部较高，双臂屈放于胸前，双脚合拢，未发现随葬品及葬具（图十一）。墓内填土为浅灰色粉质黏土，土质较软，结构疏松，含有少量烧土颗粒。

M8 位于T1213中部偏东，开口于④层下，打破M11，并向下打破生土层，方向340°，南北长2.55米，东西宽0.6米，墓口距墓底深0.72米。墓口平面呈长方形，直壁平底，头顶部有一生土二层台，南北宽0.4米，东西长0.6米，高0.54米。墓内发现人骨一具，仰身直肢，面朝东，双手交叉于腹前，双腿交叉，右腿置于左腿之上。二层台上放置1罐、1鬲（图十二），墓主人口中下排牙齿外侧并排放置7枚海贝（图十三），左手腕处有1枚海贝。未发现葬具。填土为浅灰色黏土，土质较软，较疏松，含有

图十一 M7

图十二 M8出土陶器

图十三 M8出土海贝

图十四 M8

少量烧土颗粒（图十四）。

M9 位于T1017中部偏西，开口于④层下，下半部被L2打破，向下打破生土层，方向350°，南北长1.8米，东西宽0.6米，墓口距墓底深0.2米。墓口平面呈长方形，直壁平底，墓内发现人骨一具，仰身直肢，面朝西，右臂弯曲放于腹部，左臂微屈放于小腹部，脚骨无存，身下发现1块陶片，未见葬具（图十五）。墓内填土为浅灰粉质黏土，土质较软，结构疏松，含有少量烧土颗粒。

图十五 M9

图十六 M10

M10　位于T0813中部偏西，开口于③层下，西部被G8打破，向下打破生土层，方向90°，东西长0.84米，南北宽0.58米，开口距墓底深0.35米。墓口平面呈长方形，直壁平底，墓内发现人骨一具，胸骨以下无存，仰身直肢，头部微颔，面朝上，双臂下垂，未见随葬品及葬具（图十六）。填土为浅灰色，土质较软，较疏松，填土较为纯净，含有极少量红烧土颗粒。

M11　位于T1213中部偏东，开口于④层下，中间被M8打破，向下打破生土层，方向100°，东西长2米，南北宽0.5米，墓口距墓底深0.32米。墓口平面呈长方形，直壁平底，墓内发现人骨一具，仰身直肢，面朝上，髋骨及腿骨无存，双臂垂于身侧，双脚合拢，未发现葬具及随葬品（图十七）。填土为浅灰色黏土，土质较软，结构较疏松，含有少量烧土颗粒。

M12　位于T1816北隔梁下，开口于⑤层下，向下打破生土层，方向330°，南北长1.8米，东西宽0.8米，墓底距墓底深

0.16米。墓口平面呈长方形，直壁平底，墓内发现人骨一具，仰身直肢，面朝西，右臂垂于身侧，左臂屈于左胸侧，双腿交叉，左腿置于右腿之上，未发现葬具及随葬品（图十八）。墓内填土为灰黄色粉质黏土，土质较软，结构疏松，含有少量烧土颗粒。

M13　位于T1816北隔梁下，开口于⑤层下，向下打破生土层，方向85°，东西长1.6米，南北宽0.7米，墓口距墓底深0.18米。墓口平面呈长方形，直壁平底，墓内发现人骨一具，仰身直肢，面朝上微右倾，右臂垂于身侧，左臂、左脚缺失，根据骨架特征推测应为儿童，未发现葬具及

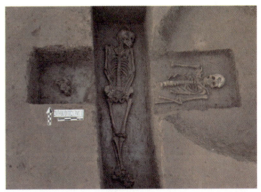

图十七 M11

图十八 M12

图十九 M13

随葬品（图十九）。墓内填土为灰黄色粉质黏土，土质较软，结构疏松，含有少量烧土颗粒。

M14 位于T1213西北部，半压在T1113东隔梁下，开口于④层下，西部被H658打破，向下打破生土层，方向80°，东西长0.95米，南北宽0.6米，墓口距墓底深0.2米。墓口平面呈长方形，直壁平底，墓内发现人骨一具，仰身直肢，髋骨以下无存，面朝南，双臂下垂，未发现葬具及随葬品（图二十）。墓内填土为灰褐色粉质黏土，土质较软，结构疏松，含有极少量烧土颗粒。

M15 位于T1213东南部，下半部打破H486，开口于④层下，向下打破生土层，方向85°，东西长1.8米，南北宽0.75米，墓口距墓底深0.68米。墓口平面呈长方形，直壁平底，墓内发现人骨一具，骨骼保存完整，仰身直肢，面朝南，双臂垂于身侧，双脚合拢，未发现葬具及随葬品

图二十 M14

图二十一 M15

图二十二 M16

（图二十一）。填土为浅灰色黏土，土质较软，较疏松，含有少量烧土颗粒。

M16 位于T1617西南部，开口于⑤层下，下半部打破H344，向下打破生土层，方向40°，东西长1.7米，南北宽0.6米，墓口距墓底深0.52米。墓口平面呈长方形，直壁平底，墓内发现人骨一具，骨架保存较差，仰身直肢，面朝上，双手合拢放于左肩，右腿下垂，左腿略弯曲，未见葬具及随葬品（图二十二）。填土为浅黄色黏土，土质较硬，较致密，含有少量烧土颗粒。

（2）灰坑葬。

H326 位于T1716北部正中，北侧小部分压在该探方北隔梁下，开口于⑤层下，向下打破生土层，东西长3米，南北宽2.74米，深1.28米。坑口平面呈椭圆形，直壁向下微内收，平底，坑壁较规整，加工痕迹不明显。坑内发现人骨一具，人骨方向0°，距坑口0.5米，位于灰坑东侧，平躺于填土之内，仰身直肢，面部略向东侧倾斜，头部略高于脚部，双手合拢放于右肩。坑内未发现随葬品及葬具（图二十三）。坑内填土呈浅灰色沙质黏土，土质较硬，结构较致密，土质较为纯净，含极少量包含物。

H344 位于T1716西南部，南侧小部分压在T1715北壁下，开口于⑤层下，被M16打破，向下打破生土层，东西长3.56米，南北宽2.58米，深1.24米。坑口平面呈椭圆形，直壁向下微内收，平底，坑壁

图二十三　H326

图二十四　H344

图二十五　H352

较规整，加工痕迹不明显。坑内发现人骨一具，人骨方向280°，距坑口约0.55米，位于灰坑北侧，平躺于填土之内，仰身直肢，面朝北，头部略高于脚部，双手放于小腹部。东西向，头西脚东，仰身直肢，面部向北，头部与左肩处较高，其余

较平。在清理骨骼时，发现口内含海贝4枚，未发现葬具。坑内填土呈浅灰色沙质黏土，土质较硬，结构较致密，土质较为纯净，有极少量包含物（图二十四）。

H352　位于T1617北部，开口于⑤层下，向下打破生土层，南北长2.4米，东西宽2米，深1.36米。坑口平面近圆形，直壁平底，坑壁较规整，加工痕迹不明显。坑内发现人骨一具，位于底部正中，人骨方向340°，距坑口1.26米，仰身直肢，面部略向西侧倾斜，双手放于小腹部，人骨身下有少量回填土。人骨下半身覆盖的填土中发现有少许块状黑色碳化物，性质不详。在人骨头顶部放置1鬲，鬲底几与头骨顶部齐平，未发现葬具（图二十五）。填土为浅灰色黏土，土质较软，结构较疏松，包含少量烧土颗粒。

3. 祭祀坑

H389位于T1817西北部，开口于⑤层下，向下打破生土，平面形状为椭圆形，直壁较规整，平底，坑口及底部边缘较明显，东西长约2米，南北宽约0.9米，深0.34米。坑底平卧一具完整牛骨，面朝上，四腿自然弯屈，后腿整齐并拢，应为捆绑导致。填土为浅灰色土，土质较软，结构较疏松，土内包含有少量的炭屑及红烧土颗粒等（图二十六）。

H394位于T1217东北部，开口于④层下，向下打破生土层，长0.72米，宽0.71米，深0.34米。坑口平面呈椭圆形，斜壁内收，喇叭状，坑壁不规整，加工痕迹不明显。坑内发现人骨一具，呈踞坐式，方

图二十六　H389

向50°，面向东南，双手放于身后，根据骨架特征判断死者应为儿童，未发现随葬品及葬具。填土为浅灰土，土质较软，结构较疏松，土内包含有少量炭屑及红烧土颗粒等。

4. 灰坑

灰坑多为袋状、喇叭状圆形平底坑，部分坑内出土陶片、石器、骨器、动物骨骼，同时伴有炭屑和红烧土颗粒，大型灰坑多经数次填埋而成。同时，另有部分灰坑形制规整，填土纯净，鲜有出土物遗物，这一类灰坑应该有特殊的用途。

在考古发掘的过程中，对部分灰坑内土壤进行了取样浮选，发现有炭化的粟、黍、小麦、大豆等植物种子，对研究该聚落的生业情况提供了重要的实物资料。

（二）遗物

这一时期出土遗物有陶器、石器、骨器等，未见铜器。其中陶器多为夹砂灰陶，器型有鬲、簋、罐、盆、纺轮等，主要以鬲、罐和平底盆为主。陶器纹饰以绳纹为主，部分平底盆在绳纹基础上绘制数圈弦纹。石器有石刀、石镰、石纺轮等，多出土于中部发掘区域最底部文化层。骨器有骨锥、骨镢等，其中镢发现数量较多，形制相同，大小接近，用骨或鹿角制作，穿柄使用，应为挖土工具。

四、初步认识

（一）遗址地貌及与周边同期遗址

大兴旧宫遗址是在北京地区东南部首次发现的西周时期遗址。该遗址位于永定河冲击洪积平原内，东北约700米为凉水河。经考古勘探在遗址西南侧发现一条古河道遗址，位于TG14层下约1米处，经勘探发现15厘米左右的炭状沉积物，并伴有大量钙化小型螺蛳壳，目前尚不能判断其与永定河的关系，但至少可以判断这条古河道在遗址形成以前就已经被掩埋为平地。

通过考古发掘，我们发现遗址位于一

处河流边的高地之上。遗址的北部、西部边缘地势呈斜坡状，并向外延伸至遗址的北部、西部与遗址同时期的古河道中。迄今，在遗址的发掘过程中并未发现水井，结合遗址地形地貌推断，这条古河道应是遗址的主要水源地。

北京及其周边地区同时期的重要遗址有房山琉璃河①、蓟县张家园②、满城要庄③、镇江营与塔照④、昌平白浮⑤等，这些遗址包含着西周初年北京及其周边区域的不同文化内涵。

在西周封燕以前，商文化向北虽也曾一度推进到壶流河流域，但很快又退回原地，晚商时期甚至还又稍稍南移，基本仍处在北易水以南原来分布的地域⑥。琉璃河西周遗址、镇江营与塔照遗址均靠近于北京辖区的南侧边境地区，董家林古城所在地区在有商一代，先是夏家店下层文化大坨头类型（晚期），后是张家园上层类型的分布范围，商文化自始至终并未涵盖这一区域⑦。而大兴旧宫西周遗址位于西周琉璃河东北40公里，因此商文化并未涉及于此。在大兴旧宫遗址西周早期的地层中出现了大量具有商晚期文化因素的陶器，应是当时西周分封后的燕地随西周统治者而来的殷遗民制造和使用的。

大兴旧宫遗址位于房山琉璃河与蓟县张家园遗址之间，西南距琉璃河遗址约40公里，东北距蓟县张家园约75公里。李伯谦先生认为："西周燕国的势力范围在长时间都位于其周边约30公里范围之内，其他区域仍处于本地文化的控制之内。"⑧大兴旧宫遗址的发现证明，早在西周燕国初期，西周的势力就已经从琉璃河遗址扩展到其东北约40公里的旧宫地区，而且随着西周势力的不断扩大，遗址当中的周文化因素逐渐显露并占据主流位置。

（二）对于灰坑葬和祭祀坑的认识

在遗址中发现了3处灰坑葬，即H326、H344、H352，3处遗迹相距不远，共同特点是3处遗迹都是在近圆形的大坑内葬人，不同的是2处葬于半坑腰的一侧、1处葬于坑底的中间且有随葬品。

对于3处遗迹的命名，目前采用了传统"灰坑葬"的说法。灰坑葬是古代墓葬形式之一，以灰坑埋葬死者的一种方式。下葬时，死者尸体被放置在已遭废弃或仍在使用的灰坑内。此类墓葬死者骨架多随意摆置，甚至可见外伤，随葬品很少或没有。一般认为此类墓葬死者身份较低，或为俘虏[⑨]。

根据3座灰坑葬的发掘情况，坑底未发现踩踏面及柱洞，而且灰坑内回填土纯净度较高，在纵向解剖灰坑时，并未发现灰坑内填土有明显分层情况，因此可以判断这3座灰坑葬与传统意义的灰坑葬不同。根据遗迹发掘情况综合判断，这3座灰坑是有意为埋葬死者使用的特殊形制墓葬。

遗址中发现了2处祭祀坑。其中1处埋葬1踞坐式儿童，另1处埋葬1完整的牛。灰坑中完整的牛用于祭祀已毋庸置疑，而踞坐式儿童有可能也是与祭祀有关，因此将其归为祭祀坑。这两处祭祀坑的形制与河南济源柴庄遗址[⑩]中发现的商代晚期祭祀坑十分相似。

（三）遗址性质的判断

M8是遗址中出土器物最多的墓葬，它的丧葬形式与殷墟西区M384[⑪]的形式类似，均未发现棺椁，同样的仰身直肢葬，双手放于小腹部，同样在死者头顶有生土二层台，同样在口部和手腕处有埋葬海贝，不同的是脸的朝向相反，另外M8的生土二层台上除了陶鬲以外，还多随葬了一个陶罐。M8的葬式和随葬器物都显示墓主人是殷遗民的可能性比较大。

遗址中发现了两处具有打破关系的墓葬，一处为M8打破M13，另一处为M16打破H344，M13为东西向，H344中人骨也为东西向，总体来说均为南北向打破东西向。根据《琉璃河西周燕国墓地（1973—1977）》所记载的大量西周墓葬我们发现，墓葬大都为南北向[⑫]，而围坊三期文化和张家园上层文化发现的墓葬大多为东

西向[⑬]，因此在大兴旧宫遗址上，东西向的墓葬有可能是遗址上原住民的墓葬，而南北向的为西周封燕后"周化"的殷遗民的墓葬。

遗址中发现了少量口沿带有附加堆纹的鬲的残片，具有典型的张家园上层类型的特征，样式与炭山H2:8[⑭]相似，属于张家园上层文化第四段，时间应该在商末周初这段时间[⑮]。结合遗址中墓葬的相互打破关系，可以初步判断在西周封燕以前，旧宫遗址上已经有人居住生活，而且他们处于张家园上层文化的影响范围内。

在遗址发现的墓葬中，并未发现北京地区西周早期殷遗民具有的墓葬中随葬狗的现象，但从仅有的几座南北向墓葬的葬式及带有随葬器物的墓葬中均出土了商晚期的无实足根大袋足陶鬲初步判断，有部分墓葬还是存在明显的商文化因素。在西周封燕后，不仅带来了中原地区的人民，而且还带来了全新的文化。这部分人中就包括大量殷遗民。殷遗民的到来给这个区域带来了新的文化因素，并且这种文化因素在一段时间里逐渐处于主导地位。之后，随着周人势力的不断扩大，此处的殷遗民文化也逐渐消退，这时遗址已经完全被周文化所主导。这一点从遗址中出土的大量西周早中期典型陶鬲就可以得到答案。

旧宫西周遗址的发现对于研究早期西周燕文化的范围及演进具有重要意义。从目前发现的房址、墓葬等遗迹看，这是一处西周早中期的小型聚落遗址。从出土的遗物判断，该遗址的年代主要为西周早中期。从遗迹排列方式看，存在一定规律，因此可以判断该聚落在形成过程中有一定的规划和功能分区。

执笔：戢征　尹达　刘乃涛

---

①北京市文物研究所：《琉璃河西周燕国墓地（1973—1977）》，文物出版社，1995年；北京市

文物研究所、北京大学考古学系：《1995年琉璃河遗址墓葬区发掘简报》，《文物》1996年第6期；北京大学考古学系、北京市文物研究所：《1995年琉璃河周代居址发掘简报》，《文物》1996年第6期；北京市文物研究所、北京大学考古文博学院、中国社会科学院考古研究所：《1997年琉璃河遗址墓葬发掘简报》，《文物》2000年第11期；楼朋林：《琉璃河遗址2001年度西周墓葬发掘简报》，《北京文物与考古（第五辑）》，北京燕山出版社，2002年，第73—79页。

②天津市文物管理处：《天津蓟县张家园遗址试掘简报》，《文物资料丛刊》第1辑，文物出版社，1977年，第163—171页；天津市历史博物馆考古队：《天津蓟县张家园遗址第二次发掘》，《考古》1984年第8期；天津市历史博物馆考古部：《天津蓟县张家园遗址第三次发掘》，《考古》1993年第4期。

③河北省文物研究所：《河北省满城要庄发掘简报》，《文物春秋》1992年增刊。

④北京市文物研究所：《镇江营与塔照——拒马河流域先秦考古文化的类型与谱系》，科学出版社，1999年。

⑤北京市文物管理处：《北京地区的又一个重要考古收获——昌平白浮西周木椁墓的新启示》，《考古》1976年第4期。

⑥李伯谦：《张家园上层类型若干问题研究》，《考古学研究（二）》，北京大学出版社，

1994年，第139页。

⑦李伯谦：《北京房山董家林古城址的年代及相关问题》，载北京市文物研究所：《北京建城3040年暨燕文化国际学术研讨会会议专辑》，北京燕山出版社，1997年，第76页。

⑧李伯谦：《张家园上层类型若干问题研究》，《考古学研究（二）》，北京大学出版社，1994年，第131—143页。

⑨王巍：《中国考古学大辞典》，上海辞书出版社，2017年，第22页。

⑩河南省文物考古研究院：《河南济源柴庄遗址发现商代晚期至西周早期大型聚落》，《中国文物报》2020年4月3日第7版。

⑪中国社会科学院考古研究所安阳工作队：《1969—1977年殷墟西区墓葬发掘报告》，《考古学报》1979年第1期。

⑫北京市文物研究所：《琉璃河西周燕国墓地（1973—1977）》，文物出版社，1995年。

⑬韩嘉谷：《谈张家园上层类型、"张家园上层文化"和琉璃河早期类型》，《北京文博文丛》2017年第1期。

⑭拒马河考古队：《河北易县涞水古遗址试掘报告》，《考古学报》1988年第4期。

⑮李伯谦：《张家园上层类型若干问题研究》，《考古学研究（二）》，北京大学出版社，1994年，第133页。

2019年通州区潞城镇后屯村战国至西汉墓地考古新发现

北京市文物研究所

通州区潞城镇棚户区改造土地开发一级项目D区D-03、D-04地块（后屯战国至西汉墓地）位于潞城镇北部，北距京榆旧线约560米，东距通怀路约1000米，南距通燕高速约100米，西侧紧邻东六环，东南距路县故城遗址直线距离约850米（图一），中心地理坐标为N39°55′41.0″，E116°42′54.1″。区域内原为后屯村耕地及小学，被项目征用后荒芜，现地表地势近平，被荒草、树

木所覆盖。

为配合项目建设，北京市文物研究所于2018年3月10日至2019年12月10日在项目区域内进行了抢救性考古发掘。2018年的发掘工作集中在发掘区东北部，发掘了一批东汉、唐、辽金、明清墓葬。2019年的发掘工作主要集中在发掘区西南部（该处原为后屯村小学，因拆迁较晚，故发掘工作推迟至2019年），发现了一处规模较大的战国至西汉墓地，结合区域内墓葬密

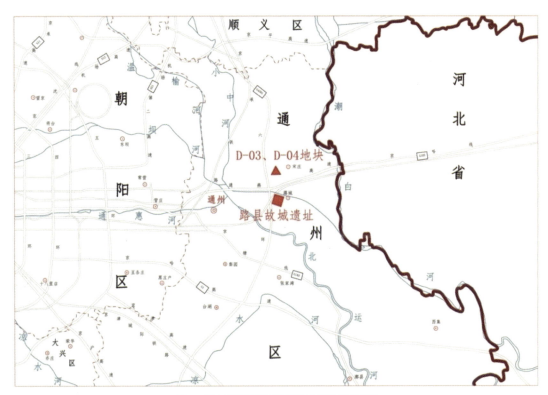

图一　后屯村战国至西汉墓地地理位置示意图

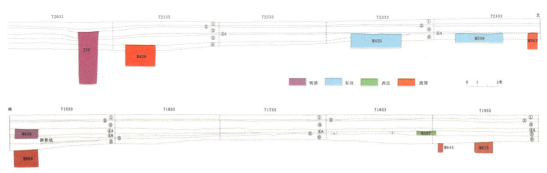

图二 战国至西汉墓地区域典型地层剖面图（南—北）

集、打破关系复杂、墓葬时代延续长等特点，2019年的发掘工作采用探方法进行，共布10米×10米探方87个，发掘面积约8700余平方米，是迄今北京地区发掘规模最大、揭露较完整的一处大型战国至西汉墓地，下面将发掘情况介绍如下。

一、地层堆积

后屯战国至西汉墓地区域地层堆积大致可分为6层（图二），以南北向横切发掘区的T1533、T1633、T1733……T2433西壁为例说明地层情况：

①层：现代堆积层。黄褐色，土质较硬，含较多现代生活垃圾、建筑垃圾等。厚0.35～0.45米。

②层：明清堆积层。灰褐色，土质较松散，含少量植物根茎、碎砖块等。清代墓葬开口于该层下。厚0～0.3米。

③层：明清堆积层。灰褐色，土质较松散，内含少量植物根茎、碎砖块等。厚0.45～0.6米。M646等明代墓葬开口于该层下。

④a层：唐、辽、金堆积层。黄褐色，土质较松

散，夹杂较多细沙，含少量碎砖块等。厚0.18～0.32米。

④b层：汉代堆积层。黄褐色，土质较松散，夹杂较多细沙，含少量碎砖

图三 后屯村战国至西汉墓地全景

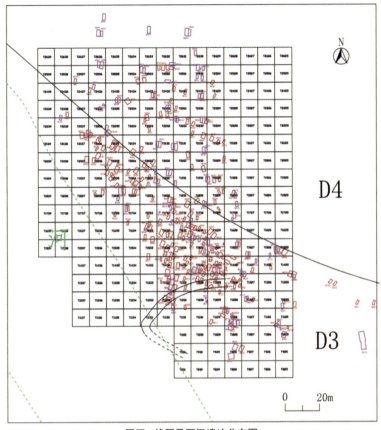

图四 战国及西汉遗迹分布图

127座。另在墓地西北部发掘一条古河道，开口于⑥层下，并被汉代窑址打破，自西北向东南流经墓地西侧，河道宽约90米，深约2～3米，时代应不晚于战国晚期（图三、图四）。

（一）战国墓葬

发掘的战国墓葬开口于⑤层或⑥层下（缺失⑤⑥层区域，直接开口于④层下），葬于一片北高南低的台地之上，西侧有河流自西北向东南环流而过。战国墓葬均为长方形竖穴土坑墓，部分墓葬一端或一侧设置壁龛，个别墓葬还设置生土二层台（共有14座墓葬设有壁龛，1座有生土二层台）。葬具为一椁两棺、一椁一棺或单棺，棺、椁皆为木质，绝大多数仅存朽痕，极

块等。该层分布于发掘区南半部。厚0.15～0.24米。M670、M684、M692等西汉时期墓葬开口于该层下。

⑤层：战国晚期堆积层。灰褐色，土质较硬，含少量夹砂碎陶片等。该层分布于发掘区中南部。厚0.15～0.22米。M677、M735、M822等战国时期墓葬开口于该层下。

⑥层：战国晚期堆积层。青褐色，土质较硬，含少量夹砂碎陶片等。发掘区中部缺失该层。厚0.8～1米。M615、M645、M668、M676四座战国时期墓葬开口于该层下。

⑥层下：黄沙层，纯净无包含物。

二、遗迹概况

截至2019年底共发掘战国至西汉墓葬329座，其中战国墓葬202座，西汉墓葬

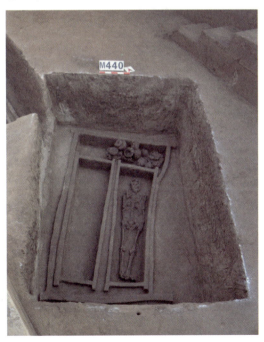

图五 M440全景

图六 M581全景

图七 M676全景

少数或多或少残存木头（其中一椁两棺墓2座、一椁一棺墓64座，单棺墓136座）。随葬器物组合有：鬲；鼎；鼎、豆、壶；鼎、豆、壶、盘、匜；鼎、豆、壶、盘、匜、罐；鼎、豆、壶、盘、匜、罐、尊；鼎、豆、壶、盘、匜、罐、鬲；罐；尊、簋、罐、豆；罐、尊；或只出玉饰件、铜饰件、石器等组合。葬式多为仰身直肢、少数仰身屈肢。头向，除三座向东、两座向南外，其余均向北。夫妻合葬墓间鲜有打破现象。

M440（图五）

开口于⑤层下，打破⑥层及生土，并被M441打破，方向60°。墓口平面呈长方形，斜壁略内收，平底。口长3.5米，宽2.2米；墓口距地表深2.04米，墓底距地表深3.84米；墓底长3.24米，宽2.06米。墓内填黄褐色五花土，土质较疏松，无包含物。

葬具为一椁两棺，已朽。木椁受地

层长期挤压已变形，椁痕平面呈"亚"字形，长2.7米，宽1.18～1.6米，残高0.3米。棺痕平面呈梯形，南棺长1.9米，宽0.44～0.56米，残高0.24米；北棺长2米，宽0.44～0.54米，残高0.24米。南棺人骨头朝东，仰身直肢，男性，40～45岁；北棺人骨已朽尽不存。

椁室东部随葬陶鼎1件、陶豆2件、陶壶2件、陶盘1件、陶匜1件、陶罐2件。

M581（图六）

开口于⑤层下，打破⑥层及生土，方向33°。墓口平面略呈长方形，斜壁略内收，平底。墓口南北长3.9米，东西宽2.48米；墓口距地表深1.85米，墓底距地表深约4.1米；墓底南北长3.3米，东西宽2.1米。墓内填黄褐色花土，土质松软。

葬具为一棺一椁，均已朽。木椁南北长2.88米，东西宽1.16～1.4米，残高0.5米。木棺南北长1.9米，东西宽0.56～0.64米，残高0.2米，人骨保存较

图八 M743全景

差，仅存部分残骸，头向北，仰身直肢，性别不详。

椁室北部随葬陶鼎1件、陶豆2件、陶壶4件、陶盘1件、陶匜1件、陶鬲2件。

M676（图七）

开口于⑥层下，打破生土，方向23°。墓口平面呈长方形，斜壁略内收，平底。墓口长3.3米，宽2米；墓口距地表深1.8米，墓底距地表深4.8米；墓底长2.9米，宽1.5米。墓内填花土，土质松软。

葬具为一椁一棺，已朽。椁痕长2.7米，宽1～1.18米，残高0.4米。棺痕长1.84米，宽0.42～0.58米，残高0.2米。人骨头向北，面向南，仰身直肢，女性，40～45岁。

椁室北部随葬鼎1件、壶形豆2件、陶壶2件、陶罐3件、陶尊1件。

M743（图八）

开口于④b下（缺失⑤⑥），打破生土，方向126°。墓口平面呈长方形，斜壁略内收，平底。墓口长3米，宽1.6米；墓口距地表深1.44米，墓底距地表深3.2米；墓底长2.72米，宽1.32米。墓内填黄

图九 M750全景

图十 M764全景

褐色花土，土质松软。

葬具为一椁一棺，已朽。椁痕长2.32米，宽0.85米，残高0.2米。棺痕长1.8米，宽0.46～0.54米，残高0.2米。人骨保存差，头向东南，仰身直肢，倾向为中年男性。

椁室北部随葬料珠3件、玉环1件、铜

环2件、石壁6件。

M750（图九）

开口于④b下（缺失⑤⑥），打破生土，方向20°。墓口平面呈长方形，斜壁略内收，平底。墓口长3.5米，宽2.1米；墓口距地表深1.4米，墓底距地表深3米；墓底长3.25米，宽1.8米。墓内填花土，土质松软。

葬具为一椁一棺，已朽。椁痕长2.6米，宽0.8～1.1米，残高0.4米。棺痕长1.9米，宽0.45～0.55米，残高0.2米。人骨保存较差，头向朝北，仰身直肢，性别不详。

椁室北部随葬陶鼎1件、壶形豆2件、陶壶2件、陶盘1件、陶匜1件、陶罐2件。

M764（图十）

开口于⑤层下，打破生土，方向48°。墓口平面呈长方形，斜壁略内收，平底，墓室北壁设一长方形壁龛。墓口长3.22米，宽2.04米；墓底距地表深1.6米，墓底距地表深3.8米；墓底长2.92米，宽1.92米。高1.1米；壁龛高于墓底1.3米，进深0.32～0.38米，宽1.1米，高0.6米。墓内填黄褐色花土，土质松软。

葬具为一椁一棺，已朽。椁痕长2.36米，宽1.0～1.06米，残高0.3米。棺痕长1.96米，宽0.6～0.66米，残高0.3米。人骨头向北，面向西，仰身直肢，男性，30～40岁。

棺内人骨附近随葬骨饰2件、铜带钩1件，壁龛内随葬陶壶2件、陶豆2件、陶罐1件、陶鼎1件，陶罐1件。

M608（图十一）

开口于⑤层下，打破生土，其西南部被M405打破，方向12°。墓口平面呈长方形，斜壁略内收，平底，墓室北壁设一长方形壁龛。墓口南北长2.8米，东西宽1.6米；墓口距地表深1.22米，墓底距地表深3.44米；墓底南北长2.48米，东西宽1.28米。壁龛高于墓底0.82米，进深0.3米，宽0.4米，高0.5米。墓内填黄褐色五花土，土质较松散。

图十一　M608全景

葬具为木质单棺，棺木已朽，北宽南窄，平面呈梯形。棺痕长1.86米，北端宽0.64米，南端宽0.44米，残高0.2米。人骨头北足南，面向上，仰身直肢，男性。

壁龛内随葬陶鬲2件。

M725（图十二）

开口于④b下（缺失⑤⑥），打破生土，方向35°。墓口平面呈长方形，直壁，平底，墓室东侧壁中部设一长方形壁龛。墓室长2.5米，宽1.3米；墓口距地表深1.7米，墓底距地表3.36米；壁龛高出墓底0.82米，进深0.18米，宽0.6米，高0.45米。墓内填黄褐色花土，土质松软。

葬具为一椁一棺，已腐朽。椁痕长2.1米，宽0.86米，残高0.26米。棺痕长1.85米，宽0.6～0.62米，残高0.26米。人骨头向北，面向西，仰身直肢，男性，30岁左右。

壁龛内出土陶鼎1件，陶豆1件，陶壶1件。

图十二 M725全景

（二）西汉墓葬

西汉墓葬距开口于④b下（缺失④b区域，直接开口于④a下），葬于北高南低的台地之上（图十三），西汉时期西侧环台地的河流已基本淤平、趋于稳定，河流淤积上部已发现建有陶窑。西汉墓葬均为竖穴土坑墓，多为夫妻合葬墓。平面多为长方形，有两座带墓道平面呈"甲"字形。随葬器物组合为鼎、盒、壶、罐（瓮）；罐；罐、瓮；罐、壶、钵等组合。葬具为一椁一棺、一椁两棺、单棺或瓮棺，棺椁均为木质，均已

朽，仅存痕迹（其中一椁两棺墓1座、一椁一棺墓49座、单棺墓48座、瓮棺墓29座）。葬式多为仰身直肢、少数仰身屈肢，除两座头向东外，其余均向北。夫妻合葬墓多存在打破现象，家族墓葬呈竖"一"字排列。

M470（图十四）

开口于④b下，打破⑤及生土，方向354°，墓口距地表深2.0米。墓口平面呈"甲"字形，由墓道、墓室两部分组成，墓口全长10.3米，宽3.2米。墓内填灰褐色花土，土质较疏松，含植物根系及少量碎砖块。

墓道：位于墓室南部，平面呈长方形，直壁，斜坡底，长4.8米，宽2.5米，深0～2米，坡长5.1米。

墓室：位于墓道北端，平面呈长方形，直壁，平底。长5.3米，宽3米，残深2米，墓底距墓口深2米。

葬具为一椁两棺，已朽。椁痕长3.8

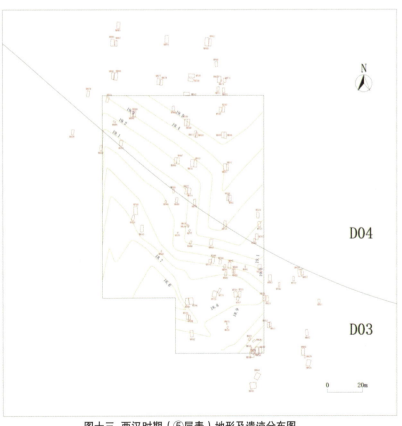

图十三 西汉时期（⑤层表）地形及遗迹分布图

图十四 M470全景

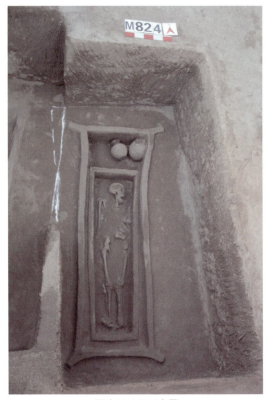

图十五 M824全景

米，宽2.7米，残高0.3米。东棺长2.1米，宽0.66～0.8米，残高0.18米，棺底涂石灰一层。西棺距东棺0.3～0.4米，棺长2.16米，宽0.62～0.74米，残高0.18米，棺底涂石灰一层。两棺内各有人骨架一具，皆头向北，仰身直肢，东棺女性，西棺男性，年龄均在40岁左右。

椁室北端随葬陶壶、陶罐、陶鼎等器物，保存较差，因挤压均已破碎。

M824（图十五）

开口于④b下，打破⑥层及生土，并被M823打破，方向2°，墓口平面呈长方形，斜壁内收，平底。墓室长3米，宽1.5米，墓口距地表深1.5米，墓底距地表深3.1米；墓室底长2.9米，宽1.4米。墓内填黄褐色花土，土质较软。

葬具为一椁一棺，已朽。椁痕长2.4米，宽0.88～0.94米，残高0.3米。棺痕长1.9米，宽0.64～0.72米，残高0.15米。人骨头向北，面向东，仰身直肢，女性，年龄40～45岁。

椁室北部随葬陶罐2件，棺内随葬玉器1件、铜铃1件、铜片1件。

M694（图十六）

开口于④b下，打破⑤层及生土，方向5°。墓口平面呈长方形，直壁，平底。墓室长2.16米，宽0.8～0.84米，墓口距地表深1.3米，墓底距地表深2.2米。墓内填黄褐色花土，土质较软。

葬具为木质单棺，已朽。棺痕长1.94米，宽0.5～0.6米，残高0.2米。

棺内人架一具，保存较好，呈仰身直肢一次葬，头北面西。鉴定为女性，25～30岁。头骨的体质特征主要表现为长颅形，高颅、狭颅，与秦汉时期华北地区的古代人群具有较强的相似性，可能属于当地的土著居民。头骨左侧人字缝上部、靠近人字点的位置有一椭圆形穿孔（长30毫米，宽15毫米），穿孔穿透颅壁，开口周缘有恢复性组织增生，出现骨再生和骨愈合现象，局部发现有愈合后的炎症反应和骨质疏松，创口表面呈圆钝形，疑与治

图十六 M694全景

疗性开颅手术有关且手术非常成功，按照创口愈合程度判断，患者至少在开颅后存活了两个月以上，也有可能存活数年。M694头骨上开颅及愈合现象与山东广饶傅家遗址出土的距今5000年前的开颅头骨具有较强的相似性，可能与治疗某种疾病有关。目前在北京及周边地区的古代人骨中尚未发现类似的开颅现象，西汉时期M694

的成功开颅手术并存活的特殊案例，是目前北京及周边地区首次发现的最早开颅手术证据，也是目前北京发现的最成功的开颅手术。

无随葬品。

三、遗物概况

（一）战国时期

战国时期墓葬共100座有随葬品，出土陶、石、铜、玉、骨等不同质地的文化遗物共计540余件。陶器居多，其他质地较少。

1. 陶器。以泥质灰陶为主，另有少量的夹砂红陶、夹砂灰陶、泥质红陶。多为素面，少数装饰绳纹、戳印纹、三角纹、菱形纹、圆圈纹、水波纹、鱼纹、虎纹等。器形有鬲、鼎、豆、壶、盘、匜、罐、尊、簋等，夹砂陶及红陶多为鬲，泥质灰陶多为其他器形（图十七—图二十）。

鬲，数量较大，形制多样。腹、壁均模制，腹下接三条手捏锥形足，可分夹砂红陶、泥质红陶两类。泥质鬲比较单一，均为素面，平折沿，腹近直，平底，无裆。夹砂鬲器表均装饰绳纹，直腹或鼓腹，平底或圜底，无裆（图二十一）。

鼎，数量较多，形制多样。皆有盖，盖上有圆形、桥形或动物形纽，均为方形附耳，兽蹄形足。多为素面，少数盖部、腹部装饰戳印纹、三角纹、圆圈纹、鱼纹等（图二十二）。

图十七 M369出土器物

图十八 M440出土器物

图十九 M750出土器物

图二十 M581出土器物

豆，数量较大，形制多样。可分为有盖豆、浅盘豆、壶形豆三类。有盖豆，皆高柄、有盖，豆盘较深，盖与盘为子母口承接；浅盘豆，浅盘，敞口，高细柄，喇叭形底足；壶形豆，上部似壶，小口，口上接筒形盖，柄均较矮，喇叭形底足（图二十三）。

壶，数量较多，形制多样。皆有盖，盖上有圆形、尖状、曲尺形纽，肩部有对称的两个铺首，下置圈足。多为素面，少数器表装饰三角纹、云纹、菱形纹、水波

纹、虎纹等（图二十四）。

盘，数量较少。分无耳盘和有耳盘两类，无耳盘较多。盘心均较浅，多平底，少数下置假圈足（图二十五）。

匜，数量较少。匜心椭圆形，前端有流，尾部有纽（图二十六）。

罐，数量较多，形制多样。分小口罐、大口罐、三足罐三类。小口罐，有盖，腹最大径近肩部，平底。大口罐，无盖，平底。三足罐，口较小，平底，腹下承三个乳丁形足（图二十七）。

尊，数量较少。大口，高领，折肩，下腹斜收，平底（图二十八）。

簋，仅1件。泥质灰陶。敞口，折沿，方唇，上腹近直，下腹斜收，下置矮圈足。沿面装饰一周凹弦纹，上腹饰三周凹弦纹（图二十九）。

2. 铜器。多为日常实用器或兵器，有带钩、铃、剑、镞等。

3. 玉、石、玛瑙器。多为实用器，器型有玉璧、玉环、玉璜、石环、石璧、石锛、玛瑙珠、玛瑙环等。

（二）西汉时期

西汉时期墓葬共111座有随葬品，出土陶、铜、玉等不同质地的文化遗物共计370余件。其中以陶器为主，其他质地均较少。

1. 陶器（图三十、图三十一），多为泥质灰陶，少量夹砂红陶，多素面，少数装饰绳纹，器型有釜、鼎、盒、壶、罐、瓮等（出土器物均较残碎，修复中）。

釜，均出自瓮棺墓，均为实用器。皆为夹砂红陶，器表多装饰绳纹，少量素面，圜底。

鼎，数量较少。均为泥质灰陶。皆有盖，盖上圆形纽或无纽，方形附耳，兽蹄形足，腹均较浅，多为圜底，极少数为平底。

盒，数量较少。均为泥质灰陶，素面。盒底与盒盖形制相似，皆作"钵"形，盖腹较浅，底腹较深，盖无纽，底无足。

图二十一 出土战国时期陶鬲

图二十二 出土战国时期陶鼎

图二十三 出土战国时期陶豆

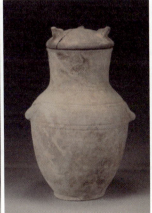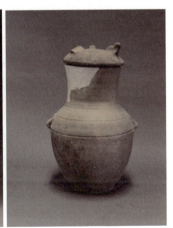

图二十四 出土战国时期陶壶

壶，数量较多，形制多样。均为泥质灰陶。均有盖，盖均无纽，有钵形盖、有博山式盖，或喇叭形口、或侈口，或高颈、或短颈，或圆腹、或垂腹、或扁腹，腹部或有铺首或无铺首，或有圈足、或圜底无足。

罐，数量较多。均为泥质灰陶，上腹多装饰弦纹，下腹多饰绳纹。皆高领、折沿，凹圜底。

瓮，数量较多。均为泥质灰陶，

图二十五　出土战国时期陶盘

图二十六　出土战国时期陶匜

图二十七　出土战国时期陶罐

图二十八　出土战国时期陶尊

图二十九　出土战国时期陶簋

上腹多装饰凹弦纹，下腹多饰绳纹。或直口，或侈口，或方唇，或尖唇，或圆唇，或溜肩或圆肩，或平底或凹圜底。

图三十　西汉墓M388出土陶器

图三十一　西汉墓M441出土器物

2.铜器，多为实用器。器型有洗、镜、半两钱等。

3.玉器，多为饰件等物。

四、初步认识

（一）战国墓葬

此次发掘的战国墓葬形制及出土遗物均与1959年至1960年北京市文物工作队在怀柔城北发掘的东周墓葬极其相似，部分器物形制几乎同出一辙，由此判断这批墓葬的时代也应为东周，上限应不早于春秋时代，下限应不晚于战国晚期。

后屯战国墓地发现的202座战国晚期墓葬均为长方形竖穴土坑墓，依规模，大致分为两类。第一类：坑长3～4.6米，葬具为一椁一棺或一椁两棺，随葬成组的鼎、罐、豆、壶、盘、匜、（鬲）等陶礼器；第二类：坑长不过3米，由于墓坑窄小，有的仅在墓坑头端辟一小龛（壁龛）、或设一生土二层台用于陈放随葬品，葬具为一椁一棺或单棺，随葬数件陶礼器，如壶、罐或鬲等，此类墓中更有些墓坑极为狭小，仅有一两件陶礼器或铜带钩，甚至无物。葬式多为仰身直肢，少数为仰身屈肢。头向除三座向东、两座向南外，其余均向北。这批战国墓葬规模均不太大，分组明显、排列有序、相互打破关系极少（西汉墓打破战国墓除外）、墓葬方向具有相对的一致性，基本可以判定该墓地是一处有专人管理、按家族埋葬的墓地。

此次发掘的战国晚期墓出土器物组合分布有一定规律性，出土陶鬲的燕文化浓郁墓葬多分布于墓地的中东部，出土鼎、豆、壶、盘、匜的中原文化浓郁墓葬均分布于墓地的西半部（图三十二），这不排除为不同家族的可能性，同时也初步判断该墓地使用时间较长，由北向南依次年代越早。另有两座墓葬不仅出土有鼎、豆、壶、盘、匜，还出土有陶鬲，这一特殊实

例，不排除是两种文化交融、碰撞而形成。墓地还有并穴埋葬现象，判断应为夫妻异穴合葬墓。

综上所述，可以得出几点初步认识：1.关于路县的设置及路县故城的始建时间，文献中并无明确记载。《史记·匈奴列传》记载："燕亦筑长城，自造阳至襄平，置上谷、渔阳、右北平、辽西、辽东郡以拒胡。"秦灭燕后因故燕渔阳郡重建渔阳郡，《汉书·地理志》明确记载："渔阳郡，秦置。汉代渔阳郡领县十二，路县为其属县之一。"后屯战国墓地规模较大，又有专人管理、按家族埋葬，且距路县古城遗址直线仅约850米，似乎表明战国时期路县古城已兴建，该墓地的发现或为探讨秦汉时期路县置县及路县古城始建年代提供了新的实物资料；2.从墓葬分布和器物组合情况来看，该墓地似由多个家族墓地构成；3.墓葬规模及随葬器物显

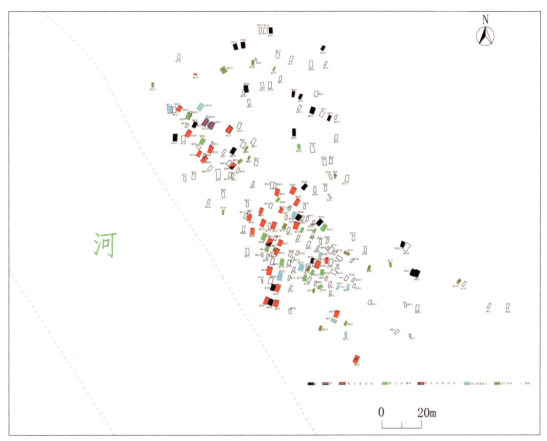

图三十二　战国墓葬器物分布图

示，这几个家族都应为低等贵族，但家族中也有身份较低成员；4.西汉墓打破战国墓的例子，与战国和西汉之间发生的巨大社会变革相吻合。

（二）西汉墓葬

此次发掘的西汉墓葬形制及出土器物均符合北京地区西汉墓葬文化特征。

这批西汉墓较战国墓葬形制、随葬品均有较大变化：墓坑长宽比更大；壁龛已不多见；夫妻合葬墓离得更近（多存在打破现象）；家族墓分布更有规律，基本呈竖"一"字形排列，间距在10～14米间；随葬品鬲、豆、尊、盘、匜等器基本消失，鼎、壶、罐的形制也与战国时期有明显差异；这些特征应为西汉时期墓葬葬俗的体现。

发掘：刘风亮　曾庆铅

整理：曾庆铅　赵夏峰　林玥

摄影：王宇新　曾庆铅　刘晓贺

修复：张继发

绘图：曾庆铅

执笔：刘风亮　刘乃涛

金中都考古工作回顾、认识与展望

北京文物研究所

金中都遗址位于北京市西城区和丰台区。贞元元年（1153）金海陵王完颜亮迁都至此，改称中都，由此开启了北京建都的历史。金朝120年的历史中，金中都作为国都长达62年，并且是金朝最为鼎盛的时期，金中都在金朝历史乃至北京建都史上都有着举足轻重的地位。通过考古成果的不断积累，金中都城的面貌基本得以复原，是一个外城、皇城、宫城三城相套的都城模式。现在地表上残存的金中都城墙遗迹有三处，即西城墙高楼村段和南城墙的万泉寺段、凤凰嘴段，1984年公布为北京市第三批文物保护单位。

一、以往金中都考古工作回顾

国内学者对金中都城进行实地考察始于20世纪40年代，最早关注的是金中都的位置、四面城墙遗迹等。随着城市基本建设的开展，对金中都的考古工作明显增多，发掘成果愈加丰富，逐步揭开了金中都的真实面貌。

1941年崇璋对金中都的土城墙尤其是西城墙的时存遗迹进行了实地踏查，勾勒出金中都的大致轮廓，并绘制了金中都城的推测想象图[①]。

1943年故宫博物院王璧文对凤凰嘴一带土城遗迹进行了调查测绘，考证了这段城墙正处于金中都城的西南拐角处，分别向正北、正东两个方向延伸。当时凤凰嘴处城墙遗迹保存最好，土城墙高达5.5～5.7米；向北有长达2320米的土城墙遗迹，基本与地面持平；向东与万泉寺之

间的城墙破坏严重，横剖面近三角形，有的顶宽仅1～2米，底宽30余米。此次调查大致勾勒了金中都城的四至，西南角即凤凰嘴村，西北角在羊坊店村及蜂窝村，东南角在右安门外窑岗子处等[②]。

1949年中华人民共和国成立，中共北平军事委员会特设了文物部。1951年7月，北京市成立了文物调查组，第一次全国文物普查时在广安门外申州馆以南还能见到很多土城遗迹[③]。

1952年北京市文物调查组配合疏浚湖水工程调查时，在陶然亭北侧发现一处金代建筑遗址，附近发现了用于守城的石雷等遗物，而在更东面发现了金代墓葬，于是大致推测贯穿陶然亭南北一线的遗迹应该是金中都的东城垣所在[④]。

1956年为配合永定河引水工程，北京市文物调查组在白云观护城河北岸发现了很多石雷和金代铜钱，证实了金中都北壁的位置[⑤]。

1958年，北京大学阎文儒先生等对金中都进行了较为全面的考古调查、测量和勘探工作，撰写了调查报告，并对金中都进行了复原研究，绘制了金中都的第一幅考古草图[⑥]。这是针对金中都的第一次正式的考古工作。调查结果显示，当时外城的西、南城墙还保存着较多的遗迹，而东、北城墙则已经看不到太多痕迹。西城墙上尚存的墙体集中在马连道、高楼村、凤凰嘴村一带，夯土层较为清晰。南城墙上的遗迹存在于凤凰嘴村至右安门外大街一带，其中万泉寺一处土城遗迹较为明显，并且发现了疑似南护城河遗迹。在东

城墙上仅发现四路通以北零散的土岭高地。在北城墙发现了建筑基址及莲花形石幢顶。大致测算了金中都外城墙的周长为18690米，与《明太祖实录》记载的"五千三百二十八丈"相近。此次调查工作还在西城墙上发现了蝎子门遗迹，推测了丰宜门外的新石桥、丰宜门内的龙津桥、宣阳门内的鸭子桥等三座桥址的位置。并将金中都九重宫殿的基址锁定在广安门大街一带，推测了大安殿、应天门的遗址位置，测算了金中都内城范围约5000平方米，与史料记载的"九里三十步"基本吻合[7]。

1965至1966年，中国社会科学院考古研究所徐苹芳等对金中都的四至进行了发掘和勘测。这项考古工作掌握了金中都的基本结构，取得了重大成绩。第一，彻底弄清楚了外城的位置及四至，探明了外城各城门的位置，特别是证实了光泰门的存在；第二，确定了皇城的位置、长度，并对大安殿遗址进行了钻探，清楚了金中都的中轴线；第三，了解到金中都的部分街道系统，探明了金中都西南部的东西向大街大都是一些平行的等距离的胡同，而次要街道则是南北向的；第四，探明了金中都的商业区位于宫城东北部分，大概在今牛街与下斜街和广内大街相交的口上。而在西部和西南部则建有不少寺观[8]。

1974年赵其昌在白云观西发掘"蓟丘"遗址时，与北京师范大学孙秀萍一起又对金中都城的护城河遗迹进行了调查，分别在潘家河沿一带、万泉寺南边的东西洼地、马连道西城墙以西、北城墙会城门旧址的北面发现了疑似金中都东、南、西、北四面护城河遗迹[9]。

1985年北京市文物研究所成立，对金中都遗址的考古调查、发掘工作随之增多。20世纪80年代对金中都进行了踏查，当时南城墙西段凤凰嘴村的城墙尚存30米长，蝎子门基底遗址高3米余，在蝎子门外北面的湾子村发现了精美的莲花瓣状石柱头，推测是池畔建筑构件[10]。

1990年秋开始，北京市文物研究所经过一年的考古工作，对金中都南城垣水关遗址进行了全面的揭露和细致的解剖，确认了水关遗址的建筑结构，基本符合宋代《营造法式》"卷輂水窗"的做法，充分显示了金中都的规模和建筑工艺水平，为研究金中都城内水系流向问题提供了非常重要的实物依据，被评为当年全国十大考古发现之一。次年北京市批准在此建立辽金城垣遗址博物馆，一方面保护遗址，另一方面利于向公众展示[11]。

1990至1991年为配合北京市西厢道路工程项目，北京市文物研究所再次对金中都宫殿区进行了考古调查、勘探和发掘工作。在鸭子桥南里3号楼发现一处南北长36米的金代建筑基础夯土，在南滨河路31号楼前发现一处南北长70余米、东西残长60余米的连为整体的建筑基础夯土。结合文献，前者考证为应天门遗址，后者则为大安殿所在，推测两者之间的白纸坊西大街与滨河西路交叉路口发现的夯土区应为大安门遗址。据勘探，大安殿面阔十一间，与文献记载相符，并且在宫殿区出土了铜坐龙、铜镜、灰陶吻兽等。这次历经一年多的考古钻探、发掘工作，基本确定了应天门、大安门和大安殿等遗迹的具体位置，证实了金中都在辽代宫殿基础上扩建[12]。

1991年北京市文物研究所在金中都南城垣的护城河岸边距离地表2～4米深的淤沙中，发现大定七年（1167）的"吕君墓表"一方，为进一步断定南城垣及护城河的位置提供了新的考古学证据[13]。

1992至1993年为配合北京市西客站一期工程，北京市文物研究所对莲花池周边进行了考古勘探，发现了莲花池水进入金中都西城墙内的一段地下基础遗迹，长约700米。此次勘探探明了莲花池的边界，并找到了莲花池的出水口及湖心岛[14]。

1996年为配合"金王行宫"工程，北京市文物研究所对宣武区白纸坊青年湖游泳场内的鱼藻池遗址进行了考古勘探，探明了鱼藻池早、晚两期湖域的范围，明确晚期湖域较早期湖域面积有所减少；此外还探明了4处夯土建筑基础，推测规模最大的一处是瑶池殿，辽代所建，金代重修。稍小的一处为金代营建的鱼藻殿[15]。同年，北京市文物研究所又对金中都的街道进行了勘探，勘定了中轴线上的南城门丰宜门、南垣西边的端礼门、北垣西边的会城门等三门的内大街，以及丰宜门和端礼门之间的横向街巷[16]。

进入新世纪以来，在配合城市基本建设中，北京市文物研究所又陆续对金中都相关区域做了一些考古发掘工作。其中比较重要的有对金中都鱼藻池遗址进行的发掘，明确了鱼藻池早晚两期的湖岸堆积，推测早期湖域可能是辽代修建并在金代沿用的湖泊，同时形成早期湖岸，而晚期湖域则当属金亡以后，鱼藻池废弃、湖水退却所形成的[17]。确定了早期金代鱼藻池的北岸和西南岸、晚期鱼藻池东岸、南岸的位置[18]，为复原金代鱼藻池水系、研究鱼藻池湖岸盈缩变化提供了有力的考古证据。另外，2010年在金中都城垣遗址内西南部发现一处兵营遗址，出土的金代铁盔甲在国内尚属首次发现[19]。2014年又在这处兵营遗址和南城墙水关遗址之间发现一处南北向道路遗址，并在道路两侧发现排水沟遗址，出土有精美的定窑瓷器[20]。这是新世纪以来金中都比较重要的两处新发现。

二、2019年金中都考古发掘成果

为配合丰台区金中都城墙遗迹保护罩棚项目，2019年8月5日至11月22日，北京市文物研究所在高楼村段和万泉寺段城墙周边开展了考古发掘工作，共布设探沟7条，发掘面积900平方米，发掘揭露了城墙和护城河遗迹，为研究金代都城遗址的建筑方式提供了新的材料，取得了新的进展。

1. 城墙遗迹。发掘了西城墙和南城墙。西城墙遗迹位于高楼村段，保存较好，现存宽度18米，残高1.2米，残存9层夯层，层厚5～15厘米，夯窝直径2～12厘米（图一）。南城墙遗迹位于万泉寺段，晚期破坏较为严重，现存城墙最宽处14.6米，残高1.5米，残存10层夯层，层厚5～15厘米，夯窝直径3～13厘米（图二）。两段城墙遗迹均未发现包砖，墙体两侧有倒塌和二次夯筑迹象，墙体在唐辽时期地层上平整起建，局部区域发现有墙基基槽。

2. 护城河遗迹。西城墙外23米处发

图一　西城墙遗迹

图二　南城墙遗迹

图三 护城河遗迹

图四 "官"字款砖等

现了护城河遗迹,深度2.15米,堆积有六层,分为早晚两期(图三)。西城墙和护城河之间还发现了排水沟遗迹。

3.其他遗迹。在高楼村和万泉寺两段城墙内侧均发现了金元时期的道路遗迹,并且道路在明清时期得到了沿用。南城墙内侧发现金元时期的灰坑一处,出土有铜钱、各窑口瓷片等遗物。在南城墙墙体下发现一座唐辽时期的墓葬,遭到晚期破坏较为严重。此外,在遗址早期地层之下发现了古河道遗迹,根据文献记载,推测为唐辽之前的㶟水故道。

4.重要遗物。本次发掘出土遗物较少。城墙夯土中仅见少量辽金时期白瓷片。在南城墙内侧发现的灰坑中出土有定窑、钧窑、磁州窑等窑口齐全的精美瓷片,其中一片可见清晰的凤纹图案,另外还出土了象棋子、围棋子、骰子等娱乐用具及"大定通宝"铜钱等。在金元时期道路遗迹中还发现了"官"字款砖等重要文物(图四)。

本次考古发掘是对金中都外城城墙遗址进行的首次正式发掘,对金中都外城西墙的城墙宽度及建造方式有所了解,基本确认了西侧护城河的位置。发现的唐辽时期墓葬为金中都外城南墙在辽南京基础上向南扩建的史实提供了新的考古学证据。

三、金中都考古工作认识与展望

回顾金中都考古历程,可见城市规划布局一直是金中都考古工作的主线,大致经历了两个大的阶段。第一阶段即1949年前后至20世纪70年代,这一阶段国内学者通过初步的考古调查、勘探及试掘工作,基本复原了金中都城的准确位置、四至范围和都城规模,不仅印证了相关的史料记载,也解决了文献上比如"四子城"等一些史料争议。其中1958年阎文儒等先生根据时存的遗迹绘制了第一幅金中都考古草图,1965年徐苹芳等先生基本厘清了金中都的中轴线布局,这两次较为系统的考古工作奠定了金中都城市布局复原的格局和坚实基础。

第二个阶段即20世纪80年代至今,

伴随着一次次配合城市基本建设的考古工作，金中都城市布局的复原更加细化，并逐渐成熟。对水关遗址、大安殿遗址、鱼藻池遗址等发掘工作，明确且详细了解了遗址的建筑规模及沿用废弃等情况。二十一世纪以来新发现并发掘的兵营遗址、道路遗迹及城墙、护城河遗迹，都使得金中都的面貌逐渐丰富并且清晰直观起来。这一时期的考古工作吸纳了科技考古的方法及历史地理等多学科的视角，对都城布局进行更加微观的观察和复原。2019年的发掘工作是金中都考古的一个新起点，为进一步复原和研究金中都城垣的构筑方式提供了重要的新资料。

当然，金中都是典型的"古今重叠"型城址，目前地面遗存已所剩无几，大量遗存叠压在现代城市建筑之下，对金中都开展主动和系统性的考古工作阻力较大。即使在能开展考古工作的区域，地下遗迹在早年淡薄的保护意识下已经遭到了无可挽回的破坏，比如2019年发掘的金中都南城墙墙体南端几乎被近现代道路和垃圾坑破坏殆尽，为探寻南城墙外相关城防设施的工作带来了较大挑战，收获非常受限，这些都使得金中都城址的细化复原不可能在短时间内完成。但无论如何，只要城市建设在发展，只要有配套的考古工作可做，我们就一定会有收获。尤其是新世纪以来，随着考古手段的不断更新和细化，文化交流的逐步加深，加之大遗址保护理念和城市考古思想的深入，我们对有限材料的深入挖掘和解读更加有信心和支撑，金中都考古工作的前景是可期待的。

①崇璋：《辽金土城谈》，《中和月刊》1941年第12期。

②王璧文：《凤凰嘴土城》，《文物参考资料》1958第8期。

③⑥⑦阎文儒：《金中都》，《文物》1959年第9期。

④ 周耿：《金中都考》，《光明日报》1953年4月18日第五版。

⑤苏天钧：《北京西郊白云观遗址》，《考古》1963年第3期；苏天钧：《金代的中都》，《京华旧事存真》（第三辑），北京古籍出版社，1997年。

⑧徐苹芳：《古代北京的城市规划》，《中国历史考古学论丛》，台北允晨文化实业股份有限公司，1995年。

⑨赵其昌：《金中都城坊考》，《首都博物馆国庆40周年文集》，中国民间文艺出版社，1989年。

⑩北京市文物研究所：《金中都的考古调查与发掘》，《北京考古四十年》，北京燕山出版社，1990年。

⑪王有泉：《北京地区基建考古工作回顾》，《北京文博》1998年第1期。

⑫北京市文物研究所：《北京西厢道路工程考古发掘简报》，《北京市文物与考古》第四辑，1994年。

⑬⑭齐心：《近年来金中都考古的重大发现与研究》，《北京文物与考古》第四辑，1994年。

⑮《金中都"太液池"遗址》，《中国考古学年鉴·1996年》，文物出版社，1998年。

⑯徐苹芳：《金中都遗址》，《中国大百科全书·考古学卷》，中国大百科全书出版社，1986年。

⑰2005年配合南马连道路工程和金宫花园工程进行的两次考古试掘工作成果。

⑱2012年配合金宫花园工程的考古发掘工作成果。

⑲2010年配合丽泽金融商务区B6-B7地块考古发掘工作成果。

⑳2015年配合万泉寺住宅小区A地块考古发掘工作成果。

执笔：丁利娜

新形势下北京奥运博物馆的藏品征集与保护利用实践

田 芯

2008年8月8日晚，北京奥运会盛大开幕，第29届奥运会的举办城市北京受到全球亿万人民的瞩目，奥运会的成功举办，展现了中国民主进步、文明开放的国家形象。各项奥运保障措施无缝衔接，数万名志愿者甜美的微笑，热情的服务保障令全中国人民自豪，令全世界人民称赞。北京这座城市从此深深钤上了"奥运印"，也为世界人民留下了宝贵的奥运遗产。

2008年成立的北京奥运博物馆（以下简称"奥运博物馆""奥博"）坐落于国家体育场（鸟巢）南侧，是北京奥运会结束后最具代表性的奥运文化遗产，是全国唯一以北京奥运为展览主题的专题博物馆。博物馆试运营以来，不断完善藏品体系及运营能力，以传播奥林匹克文化，振奋中华民族精神为宗旨，依托优质的奥运展览资源和文化活动，为人民群众提供了丰富的奥林匹克的精神滋养。

习近平总书记在十九大报告中指出，没有高度的文化自信，没有文化的繁荣兴盛，就没有中华民族的伟大复兴。通过深入学习习近平新时代中国特色社会主义思想和党的十九大精神，在双奥城市北京奥运文化快速健康发展的新形势大背景下，北京奥运博物馆在奥运藏品征集与保护工作中，以"永不放弃"的体育精神时刻鞭策，工作中遇难不退，不言放弃；不断思考与实践、创新，摸索总结方法，收集利用北京奥运会重大成就的实物、图片、视频等，通过固定陈列和主题展览的形式向社会公众展示，进一步提升博物馆的藏品质量，不断推送出受人民群众喜欢的精品展览和文化交流活动，向社会公众展现双奥城市北京独一无二的精彩与魅力。

一、把握近现代文物征集途径的特点，以社会调查征集和筛选作为工作重点

藏品征集是博物馆根据其性质、特点的需要，通过各种途径，有目的地不断补充文物或标本的基本业务工作。博物馆应根据本馆的性质和任务收集藏品。藏品必须具有历史的或艺术的或科学的价值。近现代文物的征集途径更多集中在社会调查征集、购置、无偿捐赠、交换、调拨等。

2008年北京奥运博物馆筹建以来，除了馆际交换藏品、上级调拨奥运物资外，我馆以社会调查征集和筛选为手段，把向奥运相关机构及奥运民间人士征集作为工作重点，定期邀请相关专家筛选藏品。根据北京奥运博物馆固定陈列大纲的内容，我们以北京市为重点，向全国曾经开展奥运训练及比赛工作的省市相关机构收藏了珍贵的奥运实物展品。粗略统计2009年至2014年，征集接洽的对象有200家单位或个人，征集物品达9万件套。

二、积极加入体育专题博物馆联盟，丰富藏品体系，拓展展览资源

2017年9月24日，北京奥运博物馆作为首批成员加入中国体育博物馆联盟，该联盟得到中国奥委会的大力支持，此后我馆陆续接收了中国奥委会配发的中国体育代表团装备及中国奥委会官方纪念品，奥运会、冬奥会、青奥会、亚运会等一类赛事及二类赛事的相关装备和物资。2018年在北京和青岛分别策划"荣耀十年 我们共同的奥运记忆"巡展，展览中甄选了大量馆藏精品。除了北京奥运会开幕式精彩绝伦的论语、丝路、礼乐表演等服装道具，还有设计独特的北京奥运会官方海报，以及中国奥委会捐赠的官方纪念品、参加2008年北京奥运会各国家和地区纪念徽章、中国体育代表团在北京奥运会后的部分奥运会、青奥会领奖服装装备等。这一展览以独特的视角，与观众共同回忆了北京奥运会的精彩与震撼，展示出"后奥运时代"历史与文化传承中的奥运辉煌与奥运成就，传递中国奥运健儿不负重托，顽强拼搏，为国争光的爱国精神。

三、征集工作中传承奥运精神

"5·12"汶川特大地震和北京奥运会是2008年我国发生的两件大事。震惊中外的汶川大地震使全世界人民看到了中国人民万众一心，全力以赴取得抗震救灾的胜利，让世界感受到中国人的精神和力量，中国有信心有能力举办一届有特色、高水平的奥运会。当2008年8月8日北京奥运会如期举行，抗震救灾小英雄林浩与姚明一同作为国旗手步入鸟巢，中国体育代表团身着入场式礼服与观众挥手致意时，万人热烈欢呼，一片普天同庆的祥和气氛。

从汶川抗震到北京奥运会，无不体现了中国人民的坚强、勇敢和奋斗，让世界看到中国人民的真诚、友好和善良。

北京奥运会也是友谊的盛会。2008年8月23日，来北京观看比赛的巴西"球王"贝利，在故宫门前怀抱着抗震救灾小英雄林浩，向四川地震灾区的儿童赠送了签名的足球和球衣。因此，我馆固定陈列中便展出了2008北京奥运会中国代表团入场式礼服和球王贝利赠送林浩的球衣，介绍这两件大事。

从2009年开始，我馆采取"双边"工作模式，即一边拟定、修改完善展陈大纲，一边同步开展征集工作。恒源祥是北京奥运会的纺织类别赞助企业，赞助了中国体育代表团入场礼服。我们即刻联系了恒源祥集团上海总部，但收到的回复是北京奥运会已经结束多时，服装是为奥运会定制，已无多余服装。这套展品的征集工作遇到了第一次瓶颈，而为了博物馆筹备开馆还有更多的奥运物品需要征集和投入精力，暂且中止向恒源祥的征集，同时另辟蹊径，想办法联系了一些参与过北京奥运会的运动员，最后与他们协商入场式服装可以借展的方式提供。

而转机发生在2016年笔者一次与邻居聊天，得知该邻居是恒源祥北京公司的一位主管，向她表达博物馆尚未收藏到2008北京奥运会的中国体育代表团开幕式入场服，而这套展品是奥运会不可分割的组成部分，希望北京公司能够协助征集的意愿之后，该主管向总部汇报请示，但因北京公司没有负责人，而一度搁置。笔者之后得知，原来恒源祥尚有男女服装各1套，从现在了解的情况，内部确实已无富余衣服，甚至连面料都早已没有了。半年以后，笔者没有放弃，抱着一丝希望，再次诚邀该主管及相关人员参观博物馆了解情况。此时北京奥运会即将迎来召开十周年庆典，恒源祥北京公司上任新领导，公司领导将藏品征集一事第三次汇报总部，在得到各级领导的高度重视后，恒源祥耗时半年从多种渠道搜寻相关男女服装。恒源祥北京公司的领导还将个人珍藏的中国体育代表团男士服装的领带捐献给了博物

图一　恒源祥无偿捐赠北京奥运会中国代表团入场式礼服

馆。功夫不负有心人，至此历时九年，北京奥运会开幕式中国体育代表团的入场式服装终于收藏至奥运博物馆（图一）。在对这套藏品的征集过程中，奥博征集人员发扬并传承了"永不言弃""拼搏向上"的奥运精神。

2011年我们通过网上搜索线索，与林浩取得了联系。他在得知成立北京奥运博物馆之后，这位抗震救灾小英雄同意将球王贝利送给他的签名球衣提供给博物馆进行展出。2011年至今，这套球衣一直陈列于展柜内，观众们每每走到这里都会驻足观看许久。

四、为讲好奥运故事，加大奥运藏品的征集力度

北京奥运博物馆向社会公众长期征集具有重要历史价值、科学价值、艺术价值的奥运见证物。包括可反映世界范围内奥林匹克运动历史、文化发展的典型奥运见证物；可反映中国的体育历史、文化发展的具有重要意义的奥运见证物；在北京2008年奥运会和残奥会申办、筹办和举办过程中产生的具有重要纪念意义的奥运见证物；在北京2022年冬奥会和冬残奥会申办、筹办过程中产生的具有重要纪念意义的奥运见证物；参与过历届奥运会、残奥会和历届冬奥会、冬残奥会的运动员、教练员的比赛服装、比赛装备，或其个人纪念品等。

为加强奥运遗产保护和利用，讲好奥运故事，纪念北京冬奥会申办成功三周年和北京2008年奥运会、残奥会成功举办十周年，贯彻习近平总书记冬奥筹办的系列重要指示精神，围绕"把北京冬奥会办成一届精彩、非凡、卓越的奥运盛会"的办赛目标，北京奥运博物馆深刻意识到作为北京奥运会和北京冬奥会重要的宣传教育阵地的历史使命和重大担当，决定开展为期一年的有针对性的奥运藏品征集活动，加大奥运藏品的征集力度。

遵照习总书记强调的坚持绿色办奥、共享办奥、开放办奥、廉洁办奥的原则，依据北京市文物局的有关文件精神及工作要求，严格按工作程序策划专项活动——2018年全球奥运藏品征集活动，该活动2018年8月启动，以"共享奥运记忆　见证奥运征程"为活动口号（图二）。

五、深入发掘奥运藏品背后的人文价值，传递社会正能量

北京奥运博物馆固定陈列中的实物、图片、视频等资料均是反映北京奥运会申办、筹办、举办过程中具有里程碑意义的历史见证物，它们不仅记录了中国奥林匹克的历史和文化，也是世界奥林匹克文化的重要组成部分，是全世界人民宝贵的物质财富和精神财富。北京奥运博物馆要继续多挖掘那些与中国体育发展历程、与奥运历史和文化发展相关，但还未被发现、未被保护、未被展示的见证物，弘扬和宣传一代代奥运人的爱国精神、拼搏精神、奉献精神。

图二 2018全球奥运藏品征集活动启动仪式

利用2018全球征集活动的机会，我们走访多位新中国老一代体育人。87岁高龄的新中国体操名宿陆恩淳将个人珍藏的1954年参加中国人民解放军华东军区第三野战军体育运动大会的参与奖章、1984年洛杉矶奥运会和1988年汉城奥运会的相关裁判工作照片、签名明信片，80年代、90年代国际和国内多项体操赛事的纪念服，以及陆指导参与合著的《中国体操运动史》著作等捐赠给北京奥运博物馆。陆指导是新中国第一批体操运动员、教练员和国际级裁判，曾参与多届奥运会的体操裁判工作。从上世纪五十年代初进入国家体操队开始收藏，直到他到离休后还继续参与体育收藏。陆指导表示，他们这一代体育人是为革命而教，为革命而练，现在的中国体操能有这样的成绩，是几代人不懈努力的结果，得来不易，后辈们要懂得珍惜（图三）。现在的物质生活非常丰富，人的头脑就更需要充足的精神营养。我们向陆指导承诺博物馆一定会利用好这些珍贵的历史实物，做好社会宣教工作，弘扬中华体育精神。

征集活动启动以来，得到众多社会人士的关心和关注。有旅居海外的华侨人士致电咨询，有热心的北京市民通过邮箱发来捐赠品的相关情况，有北京奥运会协办城市青岛的马拉松爱好者联系捐赠，前北京奥组委文化活动部领导赵东鸣也将工作服装、工作手册以及收藏的北京奥运会系列邮票邮品捐赠给博物馆。每一位捐赠人的背后，都有他们与奥运独特的故事。

前北京奥组委新闻宣传部部长王惠在征集活动启动仪式上捐赠了其在北京奥运会申办成功时穿过的工作服和徽章。王惠是老奥运工作者，从北京申办奥运会到北京申办2022年冬奥会，都参与了重要工作，她表示这套服装是限量制作，她本人仅在北京申办奥运会成功、北京奥运会开幕式和本次2018年全球征集活动启动仪式时穿过，而5枚奥运徽章见证了北京奥运发展的历程，这套有故事的奥运藏品应该留在北京奥运博物馆。

观众们不仅可以参观，通过讲解

图三 陆恩淳在捐赠品前为博物馆工作人员讲述其奥运经历

员了解到如上藏品背后的故事，更有机会和捐赠者面对面交流。我馆充分利用社会资源，保护奥运遗产，深入挖掘藏品背后的人文价值，传递社会正能量。通过组织新京报小记者团参观与采访相结合形式，邀请向博物馆捐赠过藏品，在北京奥运会各个领域做出突出贡献的奥运达人与小记者分享他们的故事和经历，为青少年成长搭建了青少年英才与奥运精英互动交流的平台。

六、创新制作博物馆宣传片，结合文创产品多措并举，让文物活起来

为配合2018全球奥运藏品征集活动，推陈出新以中英文宣传短片烘托启动仪式现场气氛，以全新方式让观众了解北京奥运博物馆，理解双奥之城北京如何将奥运文化薪火相传。我们设计并制作了文创产品赠送现场嘉宾、捐赠者以及对博物馆提供支持和帮助过的热心人士，力图使奥运文化的传播方式更加生动活泼，让奥运文物存在于普通人民群众的生活之中，真正地活起来。

1. 关于宣传片的设计制作

视频一：《双奥之城的荣耀——全球奥运藏品征集》（图四）

"十年奥运，十年心"。北京奥运举办这十年，中国从一个初识奥运举办门道的学习者，成长为推动和引领奥林匹克改革的践行者。北京奥运这十年，中国体育的内涵和外延不断丰富，体育强国梦正全方位汇入中国梦的时代洪流，体育基因正融入每个中国人生活中，成为他们生活方式中不可或缺的一部分。我们希望通过这个短片展示从奥林匹亚到古都北京，与人们分享激情夏奥，共赴冰雪之约，一切从藏品开始，奥运连接中国梦，最后引出北京奥运博物馆的征集

活动，向全球发出藏品征集的邀请。片末冠以征集方式和活动口号，至此正式开启2018全球奥运藏品征集活动的序幕。视频主要向观众传递出每个人都有自己的奥运故事，北京奥运博物馆能够提供一个展示藏品、讲述奥运故事的平台。

视频二：《奥运记忆的珍藏者——走进北京奥运博物馆》（图五）

在北京后奥运的城市建设发展中，北京奥运博物馆历经十年历练，逐渐成长、成熟起来。北京奥运博物馆用五大展厅的基本陈列精准揭示了北京奥运精神的内涵。随着北京冬奥会的申办成功，将工

图四 《双奥之城的荣耀——全球奥运藏品征集》视频

图五 《奥运记忆的珍藏者——走进北京奥运博物馆》视频

作重心再次聚焦北京冬奥，根据筹办进程在展厅内扩充冬奥主题展厅，不仅"请进来"还"走出去"，策划了系列冬奥主题临展和巡展，2018年以来接待观众约10万人次，其中巡展观众6万人次。该视频透过镜头让观众了解北京奥运博物馆丰富的藏品资源、数字多功能的智慧展厅，以及沉浸式的奥运体验，传递出博物馆作为奥运历史记录者、奥运文物展示者、奥运文化宣传者、奥运精神弘扬者的社会价值。

片末邀约观众能够参与到博物馆的藏品征集与展示，共赴北京2022。

2.关于文创产品的制作

设计之初，力求文创产品与中英文纸质宣传品的主形象统一，具有奥运十年的珍藏纪念意义。

国际奥委会办奥新模式的目标是"可承受、可收益、可持续"，在申办北京冬奥会时，中国向国际奥委会承诺将举办一届"绿色、共享、开放、廉洁"的北京冬奥会。因此宣传品的实物载体，我们首先考虑"环保"这个要素；第二，利用宣传品可以折射出中国传统文化。外宣品使用者可以从中了解到中国智慧和中国传统文化背后的趣味；第三，具有奥运元素的艺术性；第四，宣传品的辨识性要强。

在确定了文创产品设计制作的四个原则后，经过对品类、内容、形态、材质、大小、功能等情况进行反复研究和修改后，实物载体最终选定"帆布环保袋"和中国传统"木骨折扇"的设计制作。帆布袋具有实用性，可反复使用，体现绿色环保的奥运理念；折扇最早出现于公元五世纪的南北朝时代。《南齐书》上说："褚渊以腰扇障日"，这"腰扇"，据《通鉴注》上的解释，即"折叠扇"。折扇，又名"撒扇""纸扇""掐扇""摺叠扇""聚头扇"等。是一种用竹木或象牙做扇骨、韧纸或绫绢做扇面的能折叠的扇子，用时须撒开，成半规形，聚头散尾。折扇与文人士大夫的书画相结合，是中国特有的一种艺术表现形式。它是我国古代文人藏于怀袖的实用雅物，也是身份高贵、交游广泛的象征，更是明清以来书画家抒情记事、馈赠知己的载体和媒介。

文创产品的主形象以水彩晕染的泼墨为背景，色彩上以温暖柔和暖色调为主，用夏奥会和冬奥会的运动项目为奥运元素展开艺术设计。活动主办方北京奥运博物馆logo和活动口号"2018共享奥运记忆见证奥运征程"清晰可见，辨识度很强。实物宣传品是我馆在奥运荣耀十年制作的限量版本，因此具有一定的珍藏纪念价值，可留作纪念或馈赠亲友。

中英文纸质宣传品分为折页和册子两组形式，观众可根据需求索取阅读。在册页中记录了本次征集活动的目的、征集范围和联系方式等。宣传册中还重点介绍了博物馆概况和征集程序。这套册页除了具有活动的宣传作用，另一方面也是北京奥运博物馆在奥运藏品征集与保护工作的一份见证。

七、充分利用自媒体与传统媒体平台宣传和推广征集活动与成果

微博、微信公众号等新媒体是博物馆与社会公众实时联系的重要工具。北京奥运博物馆深入挖掘自媒体的特殊功能，将博物馆的征集成果和展览文化活动等日常情况、重要活动以文章推送的形式，让社会公众及时了解博物馆的运营情况和文化动态。在2018全球征集活动期间，我们还策划四期传统媒体的报道，力图让公众了解博物馆，积极参与到奥运藏品征集活动中，获悉活动进度以及征集成果。2018年8月，人民网、《人民日报》海外版、北京电视台、《北京日报》、大公网、北京外语广播等多家媒体对征集活动启动仪式进行报道，千龙网、新华网、中国经济网等相关媒体转载了活动内容。

2018年全球征集活动加速了北京奥运博物馆在奥运藏品征集工作的进程，我们希望通过媒体宣传，影响更多的民间人士关注北京奥运博物馆，参与博物馆的藏品征集。

在"后奥运"的十年奥运藏品征集工作中，奥运博物博征集人员充分发挥了主观能动性，在工作中总结和积累经验，攻克了一个又一个难题，让更多人士了解和体验北京奥运的文化与魅力，不断参与到奥运征集与捐赠活动中来，这是时代赋予我们奥博人的历史责任。随着2022北京冬奥会的临近，奥博的藏品征集和保护利用任重道远，未来我们还要持续推动奥运遗产的收藏和保护的可持续性发展，以捕捉藏品背后的文化内涵为核心，讲述中国的奥运故事，传播中国的奥运声音，让奥运文物和藏品记录和见证中国的奥运征程。

（作者单位：北京奥运博物馆）

戏曲·展览·舞台

——国家大剧院戏曲主题展览概述与策展实践解析

张晓杰

国家大剧院位于北京市中心地带，是国家兴建的大型文化设施，于2007年12月22日开幕运营。剧院不仅是国家表演艺术中心，上演精彩的高雅艺术演出，还确立了"艺术改变生活"的核心价值理念，注重艺术的传播与普及。多年来，剧院结合机构定位，通过开放日常参观、策划主题展览、征集院藏艺术品、开展社教活动等多种途径，使观众在观演之余，也能够得到艺术的滋养，而这些举措也使得剧院兼具了博物馆的部分社会功能，表现出一定的"博物馆化"趋势。

陈列展览是博物馆的重要职能之一，如何做好陈列展览的主题策划、内容及形式设计、宣传推广，一直是文博从业者的重点工作。而怎样为国家大剧院，这座表演艺术中心策划陈列展览，既符合其功能定位，具有典型的"剧院特色"，又满足新时代下观众对于高雅艺术的更高追求；既保证展览内容的学术性，又要雅俗共赏，是剧院人长期思考的问题。经过十余年的积极尝试与探索，剧院确立了"以表演艺术为核心，符合国家大剧院的品牌形象与艺术品位，形成差异化展览特色，丰富艺术殿堂内涵，为艺术普及、观众培育提供优质服务"的展览定位。开幕以来，剧院举办各类展览400余场，逐步形成了表演艺术、视觉艺术、文化遗产三大展览类型，其中，以弘扬中华优秀传统文化为宗旨的戏曲主题展览是剧院展览的重要组成部分。本文以国家大剧院2007至2019年举办的戏曲主题展览为中心，总结提炼策展理念、实践经验，希望为博物馆戏曲主题展览的策划与实施提供借鉴。

一、国家大剧院戏曲主题展览概述

戏曲，中华民族历史悠久的表演艺术形式，广为观众熟知和喜爱。为展示与弘扬中华优秀传统文化，国家大剧院在建院之初即将戏曲与歌剧、音乐会、舞蹈、戏剧共同列为五大演出类别，上演了大量名家名团的优秀剧目。同时，剧院也紧密围绕戏曲艺术，依托藏品资源和研究成果，独立策划或与多家文博机构、首都高校、科研院所、艺术院团等相关单位密切合作，举办了多场颇受观众好评的展览，取得了良好的社会反响，为弘扬中华戏曲文化搭建了展示平台，也为一座现代化的表演艺术殿堂注入了历史的厚重感和古典气息。

国家大剧院策划举办的"戏曲主题展览"是以戏曲艺术为展览主题或展览策划的切入点，深入剖析其文化内涵，以多元化、多维度的视角，运用历史、考古、表演、美术等多学科理论，为观众呈现戏曲艺术的历史源流、物质遗存、表演技艺、艺术传承以及与其他不同艺术形式的有机联系。2007至2019年，剧院共举办戏曲主题展览56场（图一），占展览总数的13.4%[①]，其中"戏台春秋——国家大剧院

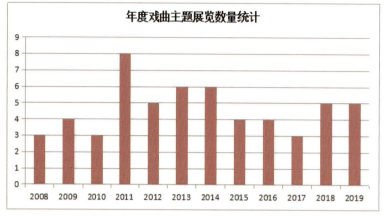

图一　年度戏曲主题展览数量统计

藏中国古戏台模型展"为基本陈列，其余均为临时展览。

　　根据不同的展览策划角度，国家大剧院戏曲主题展览涵盖表演艺术、视觉艺术、文化遗产三种展览类型。表演艺术类侧重于从舞台表演层面，对戏曲艺术进行剖析，展现舞台表现形式、名家流派、经典剧目等内容。视觉艺术类注重挖掘戏曲与绘画、雕塑、摄影、新媒体等多种艺术形式的互动关系，传递当代艺术家对于戏曲艺术的全新解读和个性化表达。文化遗产类更加关注于技艺传承，如表演技艺、服装、道具制作技艺等，激发观众对于非物质文化遗产的弘扬与保护。从统计数据可见，表演艺术类仍占据戏曲主题展览的主体地位。

　　国家大剧院戏曲主题展览的展场主要在东展览厅、艺术沙龙和公共空间②。艺术沙龙位于戏剧场一层入口，展厅面积100平方米，可与戏剧场宽阔的公共空间区域结合使用，在这两处举办的戏曲主题展往往与演出剧目息息相关，以某一专题

为切入点进行铺陈，展览的策划、制作及展示周期相对较短，展陈形式也较为灵活多变。东展览厅是国家大剧院最重要的大型临展展厅，位于北水下廊道东侧，展厅面积1200平方米，在此举办的戏曲主题展览对于内容策划、展品组织、形式设计都有更高的要求，筹备时间和展期也更长，虽然办展数量相对较少，但是精品展览层出不穷（表一）。

二、国家大剧院戏曲主题展览策展实践解析

（一）解构"戏曲"——多元化的展览选题策划角度

　　中国戏曲艺术的历史源远流长，早在先秦时期，歌、乐、舞、杂技、装扮等构成戏曲的多种艺术因素开始萌芽，经过秦汉、魏晋、隋唐等朝代的融合发展，至宋金时期，以唱、念、做、打为主要表演形式的戏曲艺术最终形成，明清以来，更是呈现出百花齐放之盛景，深入百姓生活。历经时代的积淀，戏曲艺术从剧本创作到舞台表演、从剧场演变到班社经营、从流派传承到变革创新，可谓包罗万象，不仅凝聚着中华民族的文化精神、思维方式和美学思想，对于其他艺术形式也产生了较为深刻的影响。国家大剧院策划戏曲主题展览，力求从多元化的视角对戏曲艺术全

表一

项目		数量	比例
展览类型	表演艺术	32	57.1%
	视觉艺术	19	33.9%
	文化遗产	5	9%
展览场地	东展览厅	15	26.8%
	艺术沙龙	30	53.6%
	公共空间	11	19.6%

面关照，解构戏曲艺术在不同层面的文化特色和深刻内涵。

1. 舞台上的戏曲

戏曲艺术，究其根本，是由演员扮演，为观众表演故事情节的一种艺术形式，王国维所谓"以歌舞演故事"。戏曲演出的场所，无论是茶园、酒肆、剧场，抑或是氍毹、撂地、乡野，都是为观众展现其艺术魅力的"舞台"。表演艺术是戏曲的本质，在这一方舞台之上，戏曲艺术的方方面面被彰显得淋漓尽致。基于表演艺术中心的社会职能，国家大剧院策划戏曲主题展览，首要是从戏曲作为舞台表演艺术这一定位出发，运用戏曲艺术理论，既要为观众呈现戏曲舞台上不同领域的艺术特色，例如名家流派、角色行当、唱腔动作、行头装扮、道具切末、文武场面，进而深入解读戏曲艺术综合性、程式化、虚拟性的舞台表现特征，还要探寻其舞台背后的历史根源。

建院一周年之际，由国家大剧院主办，中国艺术研究院、中国戏曲学院、国家京剧院、北京京剧院联合协办的"京剧神韵 百代流芳——中国京剧艺术大展"（图二），开启了剧院"中华戏曲瑰宝"展览系列。展览围绕国粹京剧这一剧种展开策划，汇集了五家单位的300多件院藏精品和350余幅历史照片，从"京剧发展概览""行当和代表人物""舞台表现形式""表演程式""传播及影响"五个方面进行全景式介绍。梅兰芳、王瑶卿、叶盛兰等名家戏衣，1930年程砚秋准备赴欧考察前制作的乐器、尚小云写给尚长春的家书、《荣春社科班纪念刊》等珍贵戏曲资料，以及点翠凤冠、青龙偃月刀、八面威等舞台服装道具备受观众瞩目。2011、2012年，国家大剧院又先后围绕昆曲和傩戏策划推出了大型主题展"兰苑芳鬯——中国

昆曲六百年全景""傩魂神韵——中国傩戏·傩面具艺术展"。

策划以戏曲剧种为主题的大型综合性展览，国家大剧院逐步形成了以剧种历史发展脉络、舞台表现、继承发扬为主要内容的展览解构，并且将舞台艺术表现作为展览的重点内容进行深入剖析，展出的展品以具有特殊历史意义、名家使用或收藏、能够反映戏曲舞台表演特色的为主，并且辅之以珍贵的视频影像资料，更加直观地展现剧种的舞台表现魅力。

作为以剧种为主题的大型综合性展览的有益补充，剧院还在艺术沙龙、公共空间举办了二十余场中小型戏曲专题展，此类展览更加侧重于从戏曲艺术的某一专题入手展开策划，将展览内容的丰富性和学术性向纵深延展，在艺术普及的同时，也力求兼顾"戏迷"群体的观展需求。例如，在戏曲名家诞辰周年策划了"一轮明月——京剧大师杨宝森110周年诞辰纪念展"，从演出机构的视角策划了"富社重光——纪念京剧科班富连成创立110周年展"，以经典剧目为专题推出了"明珠幽兰——四大昆剧古典名著选粹"，为了探寻舞台上行头装扮和演奏乐器的奥秘策划了"川剧脸谱艺术展""珍琴流芳——传世京胡撷萃"；还尝试从东西方戏曲和戏剧艺术比较的视角，策划了"穿越时空

图二 "京剧神韵 百代流芳——中国京剧艺术大展"展厅

的中西对望""汤显祖和他的'临川四梦'""莎士比亚和他的'时光之羽'"两场特别展览,旨在为观众更加全面、多元、深入地解读中华戏曲艺术的博大精深。

2014年时值京剧科班富连成社创立110周年,剧院特别推出系列演出并策划举办了"富社重光"专题展,以纪念中国历史上存在时间最长、培养人才最多、为国粹艺术的传承与发展做出了卓越贡献的京剧科班。展览首次采用"二部陈列"的方式,在艺术沙龙和公共空间设置了"历史篇"和"人物篇"两个展区。"历史篇"以时间为序,回溯了富连成社的历史变迁,通过真实的历史故事,以及社长叶春善购置的提盒、教师萧长华用过的拂尘、富社名家灌录的黑胶唱片、代表剧目《赤壁鏖兵》剧本、《富连成社戏目》等一件件凝聚着富社历史的珍贵资料,令观众真切地感受着富连成科班的历史脉搏。"人物篇"则是以"喜、连、富、盛、世、袁、韵、庆"八科为序,向观众详细介绍了富连成科班培育的杰出京剧表演人才和戏曲教育工作者。两个展区纵横交织、相辅相成,为观众呈现了更加鲜活、立体的富连成科班。

2. 文物中的戏曲

中国戏曲经过了漫长的孕育、发展、成熟、兴盛的历史时期,埋藏在地下或留存在社会上大量珍贵的历史文物遗存,包括戏台建筑,与戏曲有关的绘画、雕刻、碑石题记,传抄或版印的剧本、资料,以及各种墓葬遗物等[3],为后人研究戏曲艺术的历史发展提供了极为重要的材料。

国家大剧院策划戏曲主题展览,一方面从表演艺术的角度,展现"舞台"上的戏曲,同时也注重从历史和物质文化的角度,追溯留存在文物中的戏曲,探寻戏曲艺术的历史渊源,这对于观众了解戏曲的历史成因是不可或缺的,对于印证戏曲演出的发展演变是具有重要意义的。多年来,国家大剧院与故宫博物院、首都博物

馆、北京文博交流馆、湖北省博物馆、安徽博物院等多家文博机构展开合作,立足于丰富的馆藏文物和学术研究基础,共同策划举办了多场高水准的戏曲文物展览,深入挖掘戏曲文物的内涵价值,讲好文物背后的故事,让戏曲文物在剧院的展厅中"活起来",焕发新的光彩。

2013年,国家大剧院与故宫博物院联袂策划推出了"壶天宣豫——故宫博物院藏清宫戏曲文物特展",这也是剧院举办的首个大型戏曲文物展。在现存的三百多个戏曲声腔剧种中[4],约有二百余种形成于清代。清宫演剧是历代宫廷演剧的高潮,通过完善机构、招伶入宫、敕编剧本、营建戏台、制作切末道具等措施,使得清宫演剧始终处于较高起点,戏曲艺术在诸多方面取得了辉煌成就。基于故宫三万余件馆藏戏曲文物,展览从中精选104件展出,涵盖服装、道具、剧本、戏画等多个类别,以清宫戏曲演出活动为线索,遵循台前、幕后的叙述逻辑,划分为"清宫演剧的场所""清宫演剧的内容""清宫演剧的组织机构及其他"三个部分,展示了清代宫廷戏曲活动的舞台风格、管理模式等特点,通过难得一见的戏曲文物,将清宫戏台、宫廷承应戏、升平署等内容娓娓道来,为观众揭开了宫墙内戏曲演剧的神秘面纱。

戏台是戏曲文物中极为重要的一个类别,它是戏曲演出的重要载体,反映着中国古代戏曲发展的历史面貌。然而,因其体量较大、难以迁移、与周围人文和自然环境联系紧密等原因,大多采取原址保护和展示的方式,极少能够在博物馆中进行原状陈列。为了能够让观众即使不必前往当地,也可以从更为宏观、系统的视角,全景审视不同时期和地域戏曲演剧场所的特点及发展变迁,国家大剧院于2013年特别策划了"小中见大 话戏台——国家大剧院藏戏台模型展"。展览选取历史上20座颇具代表性的古戏台,经过全国范围的考察和遴选,委约著名手工艺大师按照一

图三 "戏台春秋——国家大剧院藏中国古戏台模型展"展厅

定比例制作了造型精美、材质多样的戏台模型，涵盖神庙戏台、会馆戏台、宗祠戏台、宫廷戏台、私家戏台、市井戏台等多个类别，并结合各类戏台源流和功能等相关知识，借助丰富的图文及视频资料，为观众展现了中国数百年来戏曲演剧场所的兴衰沉浮。借助展览，剧院也进一步完善了戏曲类院藏品的收藏体系，并在此基础上形成了基本陈列"戏台春秋——国家大剧院藏中国古戏台模型展"（图三）。

3. 传统技艺里的戏曲

戏曲与传统手工技艺同是我国优秀的非物质文化遗产，随着戏曲艺术的发展和繁盛，两种艺术形式互相影响、借鉴融合。一方面，传统手工技艺的推陈出新，使得戏曲表演中使用的道具、服饰的制作水平日趋精良，如皮影制作、木偶雕刻、点翠工艺等等；另一方面，戏曲艺术也为传统手工技艺提供了丰富的创作素材，年画、蓝夹缬、绢人、剪纸中都有戏曲题材佳作。国家大剧院从传统技艺的角度策划了"皮影戏展演""漳州布袋木偶戏艺术展""画中有戏——国家大剧院藏戏出木版年画展"等，希望透过独具匠心的手工技艺，赋予戏曲更加极致的艺术之美，同时也将这种戏曲之美延伸至舞台之外，令观众获得独特的精神享受。

2015年，国家大剧院为迎接丙申新年特别策划了"画中有戏——国家大剧院藏戏出木版年画展"。"年画"是中国民间广为世人熟知的传统艺术形式，与其相关的年画收藏及展示成果也颇为丰硕。"画中有戏"展览的策划旨在实现"传统选题的新突破"，一方面，基于机构定位和藏品特色，创新式地选取"戏出年画"这一独特的年画种类为展览主题；另一方面，在充分展现戏出年画艺术价值的同时，还将其作为戏曲艺术的固化载体和传播媒介，探讨"戏"与"画"的关系，从而深入挖掘其社会价值。展览选择院藏天津杨柳青、苏州桃花坞、潍坊杨家埠、河北武强、河南朱仙镇、陕西凤翔六大年画产地具有代表性的年画精品，充分展现戏出年画在画面内容、表现手法和表现形式方面独具特色的艺术价值，进而折射出不同地理空间下的文化形态，围绕戏、画关系，展现戏出年画融合记录、教化于一体的深厚的社会价值，引发观众思考⑤。

4. 其他艺术形式中的戏曲

戏曲是融合了诗歌、音乐、舞蹈、绘画、雕塑、建筑等综合性的艺术表现形式，戏曲也为其他姊妹艺术提供了绵延不绝的创作源泉，不同艺术形式相伴而生、交融贯通。清光绪年间画师沈蓉圃创作了著名的《同光十三绝》，运用工笔写生技法绘制了13位戏曲演员肖像，具有极高的艺术欣赏和历史研究价值。现如今，当代艺术家们在遵循戏曲艺术传统的基础上，融入了自身独特的个性化表达，将多种艺术形式与传统戏曲相结合，迸发出了奇妙且璀璨的火花。

国家大剧院注重探求戏曲与视觉艺术的有机联系，通过策划戏曲题材绘画、雕塑、摄影、新媒体等多种类型的艺术展览，延伸舞台艺术的空间，为观众提供欣赏戏曲的多重视角和维度。例如，自2016年开始逐步形成的"戏韵丹青"系列展，邀请国内水墨戏曲人物画的领军人物展示其精品力作,以绘画的写意性和象征性呈现戏外之韵、绕梁之音,为观众奉上"无声的"水墨大戏。

随着时代发展,带着厚重历史气息的传统戏曲如何走近年轻人的生活,获得90后、00后的喜爱,让中华优秀传统文化传承下去,是值得深入思考的问题。剧院在策划戏曲主题展览过程中,也始终追求"以观众为核心"的策展导向,力求满足新时代观众对于展览的新期待,努力做到让观众看得懂、有所感悟。

2011年,为纪念青春版《牡丹亭》上演200场,国家大剧院与江苏省苏州昆剧院联合推出"姹紫嫣红开遍·迷影惊梦新视觉"主题展,这场与众不同的昆曲展览与场内上演的青春版《牡丹亭》可谓珠联璧合,将昆曲的"大雅之美"淋漓尽致地呈现给广大观众。展览围绕青春版《牡丹亭》和新版《玉簪记》展开,分为八个篇章,通过摄影作品,回顾了演出台前幕后的经典画面。展览中特别运用了当时最先进的高清投影设备,以3D影像技术、12米弧形投影融接技术将摄影作品呈现于新媒体之上,配合余韵悠长的昆曲唱段,在动静交错间,演员在舞台上的精彩身段和神韵仿佛重现眼前、栩栩如生。观众徜徉于曲径通幽的展厅环境,如同跟随着戏中人进入了诗情画意的昆曲世界,感受着无以言表的昆曲之"美"。2016年,剧院与中国戏曲学院新媒体艺术系联合举办了戏曲动漫展,展出在校师生创作的戏曲动漫精品的同时,也使观众深切感受到了青年一代为推动戏曲艺术在新媒体领域传播创新所作出的积极尝试,为弘扬中国传统戏曲文化所作出的不懈努力。

(二)延伸舞台——挖掘戏曲艺术的"活态"呈现

戏曲是我国重要的文化遗产,承载着中华民族深厚的文化价值观。它是综合性的舞台表演艺术,观众们汇聚到剧场、茶园,甚至田间地头,通过观看演员的表演来得到视觉、听觉和精神上的多重享受。既然是舞台表演艺术,便必然会受到演出时间的限制,曲终人散,无论多么精彩的演出,总有落幕的时刻。而戏曲主题展览则有效地弥补了这一遗憾,它可以突破时间的限制,在一段相对较长的时间内向观众开放,甚至通过互联网和手机客户端打造24小时不落幕的展览;它可以超越空间的藩篱,在剧场之外为观众提供一个别样的展示空间,讲述舞台背后的故事,通过多种展陈方式来呈现戏曲艺术深刻而丰富的文化内涵。

戏曲,如同所有表演艺术一样,离不开赖以生存的舞台和欣赏演出的观众,只有在表演者—演剧场所—观看者三者形成的"互动关系"中,戏曲才能焕发出无限的活力。于展览而言,展览内容—展示空间—观众,同样形成了密不可分的有机联系。不同之处在于,戏曲表演者是以"四功、五法"展示戏曲精髓的鲜活的生命体,观众在相对固定的场所通过丰富的视觉、听觉感受来接收表演者所传达的情节内容和表演风格。展览则是由策展团队经过长时间的研究、策划所形成的系统的知识网络,观众在特定的场域中,通过更为主动的阅读、视听、互动体验等行为,接收展览所传递的内容信息。国家大剧院策划戏曲主题展览不仅注重展览的教育功能,还希望带给观众更多艺术性的感受,遵循戏曲艺术的特点,从展览内容、展陈形式、社教活动等多个层面,深入挖掘戏曲展览的"活态"呈现,更大程度地展现戏曲艺术的历史价值、艺术价值、文化价值。

1.静态陈列讲好展品背后的故事

博物馆陈列展览的性质决定了是以文物标本为基础,静态的实物构成了陈列展览的核心语言。习近平总书记提出,要"让收藏在禁宫里的文物、陈列在广阔大地上的遗产、书写在古籍里的文字都活起来"。让静态的文物"活"

起来，单纯依靠新媒体技术"动起来"只是表象，更深层次的是策展人以藏品研究为前提，不仅要把文物的美介绍给观众，更需要去寻找文物和文物之间、文物和地域之间、文物和人之间的关系，并把这个关系告诉观众⑥，从而让藏品与观众的生活发生交集。

以2019年国家大剧院与安徽省文化和旅游厅联合主办的"皖乐徽声——安徽音乐戏曲文物展"为例，在300余件实物展品中，元代景德镇窑烧制、岳西县出土的影青釉戏曲人物瓷枕是展览中的一件重点文物。瓷枕造型极为精美，其上堆塑的人物数量众多、栩栩如生，剧院特别邀请专业技术团队为文物拍摄了高清视频，从不同视角360°展现瓷枕整体和各个局部的独特造型，视频配合文物在展览中共同呈现，满足了观众近距离欣赏文物细节的观展需求。同时，策展团队还特别在展厅中设置了瓷枕专题展示区域，从三个层面深入挖掘文物背后的历史和文化内涵：一方面，从宏观历史背景下，阐述宋元时期戏曲艺术的发展特点，以及此类建筑型镂空雕瓷枕的主要产地和造型特色；另一方面，寻求文物与文物之间的联系，集中呈现了目前所见的收藏于首都博物馆、山西省大同市博物馆、江西省丰城市博物馆、安徽省安庆市博物馆的另外四件同类型瓷枕的详细资料，为观众构建更为整体的戏曲人物瓷枕面貌；第三方面，讲述文物的"生平"，包括其制作和使用方式、发现及出土过程、学界对于瓷枕上戏文故事的多种解读等等。瓷枕专题展区，虽以静态陈列为主要展陈形式，却通过深入挖掘文物背后的故事，让文物"鲜活"起来，将文物置于历史背景之下，展现物与物、物与人之间的联系，使观众深刻感受到古人对于艺术和美的无限追求，感受到文物的温度。

2.真人演出呈现"剧场式"观演体验

戏曲，无论是从表演艺术角度，还是非物质文化遗产层面，真人演出都无疑是最为真实、直观的展示和传播形式。观众在观看演出的过程中，被演员唱、念、做、打的程式化表演技巧和跌宕起伏的剧情所吸引，真切感受着博大精深的戏曲文化。因此，在展厅或公共空间内增设小型戏曲演出区域，在固定的时间由专业院团演出戏曲折子戏，则是以实物展品为主的静态展陈形式的有效补充。

"兰苑芳鬘——中国昆曲六百年全景"的展厅内特别设置了观演区域，展览期间由全国七大昆曲院团先后带来26场精彩的昆曲折子戏演出，104名演员参与其中，成为展览的一大亮点。有观众留言道："展厅内的昆曲表演给我们留下深刻印象，这是我们第一次这么近距离地欣赏昆曲。""楚腔汉调——汉剧文物展"巧妙利用了展厅内外空间，结合了展厅内静态实物和公共空间动态戏曲演出两种展示方式，在大型现代艺术装置"古戏台"上，由湖北省戏曲艺术剧院汉剧团连续五天上演12出不同的京剧、汉剧代表性剧目，成为展览期间最为吸引观众的展示环节（图四）。

国家大剧院既注重通过真人演出，以最为直观的方式为观众"活态"展现戏曲艺术的魅力，同时也特别注意到两个方面的问题。第一，演出的内容需要经过精心筛选，不仅要体现演员的艺术水准，还要紧贴展览主题和内容。例如，以某一剧种为主题的综合性展览，常选取该剧种不同历史时期的多部代表性剧目，且以展览中作为重点介绍的名家名段为主；以纪念艺术家诞辰为主题的专题展，则大多选取该流派的代表剧目。如此，观众便可以在了解剧目、剧情的基础上，更加有针对性地欣赏表演。第二，"展、演、讲"三者缺一不可，这是剧院多年来策划举办表演艺术类展览所建立的策展模式，戏曲主题展览中的演出有别于单纯的舞台表演，而是更加侧重于艺术欣赏和艺术普及的双重含义。在演出过程中，演员都会对

图四 公共空间大型艺术装置"古戏台"上的戏曲折子戏演出

所演剧目的历史背景、故事剧情、精彩看点等方面进行详细介绍。"漳州布袋木偶戏艺术展"期间,漳州竹初木偶艺术馆的艺术家每天都固定为观众演出布袋木偶戏代表剧目《大名府》的精彩片段,艺术家不仅在演出之前向观众介绍这出戏的故事梗概,还在演出结束后从幕后走到台前,与观众互动,讲授布袋木偶的特色表演技法,真正为观众揭开漳州布袋木偶戏的神秘面纱。

3. 新媒体科技打造展厅中的"沉浸式"舞台

真人演出是戏曲主题展览"活态"呈现最为直观和有效的展示方式,但同样也存在着一定的局限。一是在展示时间上受到限制,演员只能在固定的时间内演出,无法贯穿全部展期,这必然会使得一部分观众缺失了重要的观展体验。二是演出质量的不稳定性,受到演员自身状态和周围环境的影响,每场演出的艺术水准也有可能会有所偏差。随着时代发展和科技进步,数字技术的引入为展览展示提供了更多的可能性和更加广阔的创意空间。对于戏曲主题展览而言,通过对戏曲表演的数字化采集,在展厅中营造戏曲艺术传播、展示环境,呈现一个虚拟的"沉浸式"舞台,解决了真人演出在时间、空间、参演人员等方面的局限,观众可以随时浸入到

虚拟的演出环境之中,感受戏曲艺术的魅力。

"姹紫嫣红开遍——迷影惊梦新视觉"将当时国内最为先进的3D影像技术引入展览,观众在封闭的视听观影区通过佩戴3D眼镜观看青春版《牡丹亭》和新版《玉簪记》的精彩片段,高质量的音响效果、栩栩如生的戏中人物,使得观众仿佛沉浸于剧场之中。在运用数字科技的同时,国家大剧院也着力采用虚实结合的方式,打造更加形象、立体化的舞台展示效果。2015年昆曲艺术周期间,剧院特别策划举办了"明珠幽兰"昆曲主题艺术展,在艺术沙龙独特的半圆形展厅中,打造了一座具有江南特色的微型戏台,粉墙黛瓦、上下场门、楹联等元素极尽写实,在戏台中间,运用数字投影播放经典昆曲折子戏《长生殿·小宴惊变》《桃花扇·守楼寄扇》《西厢记·传书赖柬》《牡丹亭·游园惊梦》,展厅中盛放的兰花散发着阵阵幽香,触发观众视觉、听觉、嗅觉的多重感官体验,领略昆曲的大雅之美。

4. 互动参与有效引导信息的双向传播

"物"和"人"是博物馆的两大关注对象,博物馆工作人员通过陈列展览的形式,以实物资料为主要媒介,通过对物的解读,将特定信息传播给观众,也就是以诠释物来激发人。而这样的信息传播应该是双向的,观众通过展览对物的诠释,结合其先前的知识获得新的升华,从观众自己的理解角度,对物进行新的解读,从观众的视角理解物[⑦]。

在戏曲主题展览中设置与展览内容相关的互动参与环节,使得展览更具参与性与可观性,也更加有利于引发展览信息的双向传播。一方面,展览内容通过互动环节更加直观地诠释给观众;另一方面,观众也通过亲身体验,真切体会到其中的

文化价值；与此同时，作为参与者的观众也融入到展览之中，成为展陈的一部分，既是观众、参与者，也是被观察者，展览内容在观众们的互动参与过程中，以"活态"的方式呈现出来。

在"傩魂神韵——中国傩戏·傩面具艺术展"中，策展团队在"傩戏的表演艺术"部分特别设计了"踩禹步"互动艺术装置。踩禹步是贵州傩戏演出时表演者的重要舞步，以八卦符号和五行为定向，将排列组合的方位变化由点到线再到面连接固定下来。观众参与互动装置，在灯光的指引下有节奏地变换脚步位置，现场体验傩戏舞步的程式化动作，相较于枯燥抽象的文字说明，这样的互动装置能够更加形象、生动地展示需要说明的展览内容。"戏韵薪传——中国戏曲学院新媒体艺术系戏曲动漫展"中，京剧脸谱多媒体交互装置吸引观众争相体验，当观众处于指定位置，脸谱投影图像会根据观众的脸型、五官的位置进行相应的变化，以达到近乎完美的贴合。同时，还依据京剧勾脸的先后顺序，完整展现脸谱的绘制流程，配合对于人物角色、脸谱用色的详细解读，令观众在互动参与中，能够更加直观、全面、深刻地感悟京剧脸谱艺术的文化内涵。

三、关于戏曲主题展览的策展思考

中国戏曲艺术有着悠久的历史、独特的魅力和深厚的群众基础，是凝聚和展现中华优秀传统文化的重要载体。但时至今日，戏曲艺术仍然面临着剧团及观众锐减、人才断层、资金缺乏甚至剧种消失等重重危机。2001年昆曲被列入联合国教科文组织人类非物质文化遗产代表名录，随后，我国又公布了四批共计1372项国家级非物质文化遗产项目，其中"传统戏剧"类445项，占项目总数的32.4%。[8]2015年，国务院办公厅又印发了《关于支持戏曲传承发展的若干政策》的通知，旨在大力促进戏曲艺术的繁荣发展。戏曲艺术是中国独具特色的表演艺术形式，是全国和全世界非物质文化遗产的重要组成部分，广大博物馆同仁有责任、有使命，通过创办戏曲艺术博物馆、策划举办戏曲主题展览等多种途径，抢救、保护和弘扬中国戏曲艺术。

形成常态化、系列性的临时展览模式。现阶段我国各类戏曲艺术博物馆已渐成规模，主要可分为专题戏曲类博物馆、名家生平纪念馆、大型综合类戏曲博物馆、博物馆中的戏曲艺术陈列、专业院校戏曲博物馆等不同类型。但是目前仍是以基于馆藏文物推出的基本陈列为主，戏曲主题临时展览相对较少。而各类博物馆、纪念馆、艺术院团结合各自机构特点，发挥自身优势，从不同的选题角度，有计划地策划举办戏曲主题临时展览，甚至逐步形成代表性的系列展览品牌，无疑是对基本陈列的有效补充，同时也有利于促进机构之间的交流合作，满足不同观众群体的观展需求，使观众收获更为丰富、全面的戏曲知识和艺术享受。

构建多元化、跨学科的展览策划视角。戏曲艺术有其独特的文化内涵，它既属于历史，从远古时代孕育，历经不同历史时期最终形成，又属于当下，至今仍然活跃在百姓的生活中，生生不息。它是舞台上的表演艺术，但又不仅仅只存在于舞台之上，它与多种姊妹艺术有着千丝万缕的联系，互相借鉴，融合发展。长久以来，博物馆对于物质遗存，特别是社会历史类文物的展示和研究有着丰富的实践经验，但是对于戏曲艺术，甚至延伸到更为广泛的综合性的表演艺术而言，仍需要策展团队有着跨学科的学术研究背景，不仅要懂文物、懂历史，还要懂戏，不仅要有学术深度，还要雅俗共赏，建立更为多元化、多维度的展览策划视角，让喜爱中国戏曲艺术、中国传统文化的观众，从不同维度感知戏曲艺术中蕴含的中国精神。

让戏曲艺术在展览中"活"起来、"传"下去。实物是陈列展览的核心语言，但戏曲之于展览而言，并非是展柜中一件件冰冷的文物、呆板的戏服、陈旧的道具，它们凝结着制造者的独具匠心、使用者的艺术情怀，映衬着时代变迁和美学精神，始终活跃于舞台之上、百姓之中，以鲜活的生命力世代相传。作为中国观众熟悉的表演艺术形式，简单的"晒宝式"展陈方式已不能满足观众参观戏曲主题展览的心理预期。在展览策划过程中，一方面，需要从学术研究层面深入挖掘展览内容，讲述展品背后的故事，全面呈现展品所蕴含的戏曲艺术的历史价值、美学价值、社会价值，在"静态"陈列上做深、做细。另一方面，需要借助新媒体科技、戏曲演出、社教活动、线上展厅、语音导览等多种展陈和传播形式，探索戏曲主题展览"活态"呈现的多元化途径，让戏曲艺术在展厅中"活"起来，从而通过"有形"的方式，为观众展现戏曲"无形"的精神内涵，最终实现传承和弘扬中华优秀传统文化的展览宗旨。

①自2007年12月22日至2019年12月31日，国家大剧院举办展览共计417场。

②国家大剧院的展览场地主要包括东展览厅、西展览厅、大剧院艺术馆、艺术沙龙展厅，以及歌剧院、戏剧场、音乐厅、小剧场入场区域较为开阔的公共空间。其中，西展览厅和大剧院艺术馆为基本陈列"回眸经典——国家大剧院原创与制作剧目展"和"精彩在这里绽放——国家大剧院艺术成果展"的展览场地，东展览厅、艺术沙龙及公共空间则主要用于举办临时展览。

③黄竹三、延保全：《中国戏曲文物通论》，山西出版传媒集团·山西教育出版社·三晋出版社，2017年，第2页。

④按照《国务院办公厅印发关于支持戏曲传承发展若干政策的通知》，2015年7月至2017年6月，在全国范围内开展地方戏曲剧种普查，根据普查结果，截至2015年8月31日，全国共有剧种348个。

⑤张晓杰：《年画类展览策划与实施的探索——以"画中有戏：国家大剧院藏戏出木版年画展"为例》，《北京文博论丛》2018年第2辑。

⑥龚良：《新时代，博物馆让文物活起来》，《博物院》2018年第1期。

⑦黄洋、陈红京：《博物馆陈列展览设计十讲》，上海交通大学出版社，2019年，第10页。

⑧数据来自于"中国非物质文化遗产网·中国非物质文化遗产数字博物馆"统计清单，http://www.ihchina.cn/project.html

（作者单位：国家大剧院）

北京市文物古建修缮中主要传统建材的生产加工情况浅析

一、目的及意义

北京作为世界文明的历史文化名城，是文物古建筑分布最为密集的城市之一。据统计，北京地区拥有不可移动文物3840处，确定各级文物保护单位1000多处[①]。2019年10月16日，国务院公布了第八批全国重点文物保护单位名单，其中北京市新增9处[②]。文物古建筑是北京历史文化的重要载体，反映着北京各个时期政治、经济、文化和艺术发展的特点，为建筑史的研究提供了大量的实物依据。

传统建筑多使用木、砖、瓦、石等材料，由于长时间暴露在自然环境中，不可避免会出现瓦件损坏，墙体、地面、台基的砖石损伤，地仗脱落、彩画褪色等病害，需要进行周期性、持续性的保护与修缮工作。在文物保护与修缮工作中有着"原材料、原形制、原工艺、原结构"的原则，所有原材料及其生产加工工艺都是千年来智慧的积累，也是非物质文化遗产重要组成部分。但现在原材料供应形势越来越严峻，生产加工也面临诸多问题，必将对北京地区文物修缮、老城保护和中轴线申遗工作造成影响。

为避免这种困境，急需对北京市文物古建筑修缮工程中主要传统建材进行全面调研：通过了解传统建材原材料供应和生产加工，掌握行业发展所需的内部和外部条件；通过采访专家学者，了解文物古建筑修缮工程修缮情况，总结材料选用和工艺的变化；通过企业现场调研，了解生产经营现状，总结生产加工面临的问题；针对现今传统建材所面临的问题，提出对策及建议。

通过课题的系列研究，对北京文物古建筑修缮工程中传统建材生产加工行业发展对策的提出提供重要依据，具有重要意义：梳理北京地区文物古建筑材料的历史沿革，了解其选材和工艺的演变过程；整理、分析北京地区不同时代材料的选材、加工和使用情况，总结不同时代背景下的特征；概括现在文物古建筑修缮工程中材料遇到的问题，为进一步制定和完善相关政策提供方向。

二、方法及框架

1. 文献调研：通过搜集、整理、归纳文物古建筑修缮工程中主要传统建材的原材料和加工工艺等方面的论文、书籍、法规文件和过去研究课题，为课题调研的展开做基础资料汇总的工作。

2. 专家采访：通过采访从事文物古建筑修缮工程多年的专家学者，了解北京地区文物建筑修缮工程中使用传统建材的基本信息与使用情况，并做采访过程记录。

3. 企业现场调研：通过与具有代表性的传统建筑材料企业进行座谈，对企业经营的生产历史、现状问题和未来规划进行梳理，收集相关实物、文字与影像资料，进行记录。

· 107 ·

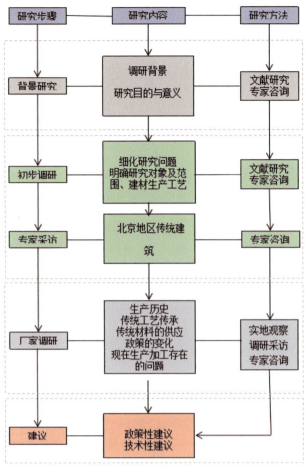

图一 研究框架

开始进行大范围的较全面的文物古建筑修缮，也就是这个时候，传统建材行业有了一次较大的发展。随着政策和市场的变化，修缮工程施工单位不再提前采购建材进行预处理，而是中标后再进行采购，由各传统建材企业进行二次加工，建材质量难以把握，对文物古建筑修缮造成一定影响。

3. 企业现场调研

经过前期调研，选取有代表性的几家传统建材企业进行现场调研，收集企业发展历史和经营现状等情况。许多企业在公有制时期是由大队管理，原材料开采和使用有规定，生产加工情况稳定。改革开放后，转变为个人承包的经营模式，企业有了较大发展。后来随着北京城市化不断发展和环保要求的提高，企业的原材料供应和生产加工受到限制，经营状况不断变化。许多企业外迁继续生产，没有条件外迁的企业想要通过生产加工环节优化继续生产，但缺少相应的标准，企业改造难以进行，只能关停，掌握传统加工工艺的工人转而从事其他行业，工艺传承也出现困难。

三、内容及总结

1. 文献调研

通过文献调研发现，现在的学术研究大多聚焦于文物古建筑的营造技艺，对传统建筑材料的关注较少，尤其缺少对传统建材供应历史方面的研究。通过对法规文件的检索，发现现在的法规文件大多是对现代建筑材料提出规范，缺少针对传统建材的专项规范要求。

2. 专家采访

通过专家采访，对北京地区文物古建筑修缮工程的整体情况有了初步了解。北京地区文物古建筑数量庞大，修缮工程也是一直持续。最早是进行小范围的修补工作，各个工程队按照各自需要自行采购，建材质量比较稳定。2008年奥运会前后，

四、结论及问题

《北京城市总体规划（2016—2035年）》要求对北京老城建筑要做到"应保尽保"，并提出应对老城进行"恢复性修建"，这就需要大量的本地的传统建筑材料。由于现今环保政策不够细化，没有考虑传统建材行业的特殊性，且在执行过程中，往往存在不分具体情况而采取同一种办法，甚至"一刀切"的情况。因而导致了北京传统建材企业的急剧萎缩，对文物修缮、老城保护等工作产生了很大影响。从工程实施情况看，文物修缮、老城保护等工作所需的传统材料供应现在出现了很大的问题，一是材料短缺、品种不全，甚至缺失；二是由于供求关系的失衡导致材

料质量的明显下降，从而影响了工程质量；三是导致材料价格的大幅上涨，使原有财政预算经常被突破，从而导致停工；四是因上述三个原因迫使施工公司只能在外地采购或寻找代替品，但由于其他地区的砖、瓦、石、琉璃等造型风格、规格尺寸、材料质量等与北京地区的产品存在较大差异，就导致了北京传统建筑风貌的改变，从而对北京文物修缮、老城保护等工作造成了影响。

经过前期深入调研，发现在文物古建修缮过程中主要存在原材料、生产加工、政策导向等几方面问题（详见附表）。

1. 原材料

烧砖瓦用的黏土、烧琉璃用的煤矸土、烧石灰开采的矿石、加工石构件开采的原石，都存在原材料取料困难的问题。现个别厂家尚有少量存料，仅能维持近期使用，未来将面临无料可用的情况。木材、制备地仗的猪血、砖灰、桐油等原材料供应基本没有问题，但由于环保等要求，存在储料困难、二次加工等问题。

（1）砖瓦，烧制各类砖瓦的土必须是优质黏土，北京地区取土多以房山地区为主，自2017年起，根据环保规定已不允许取土，河北、山东、山西等地区也慢慢限制取土。

（2）琉璃，烧制传统琉璃制品的煤矸土多取自北京西山，多年前西山地区煤矿已禁止开采，煤矸土失去来源。

（3）石材，北京地区古建筑使用的小青石主要产自石景山地区，官式建筑用到的汉白玉、青白石大都产自房山区大石窝乡，现几处矿脉均不允许开山。

（4）石灰，北京地区制备石灰用到的矿石大都产自门头沟潭柘寺地区和房山多地，随着环保要求不断提高，矿山逐步关闭，已失去了材料来源。

2. 生产加工

（1）场地问题：北京加大城市化建设后，血料、灰油、砖瓦、石、木材等缺少生产加工和存放场地。

（2）环保问题：传统建材原材料的二次生产加工，不可避免会产生一定的粉尘、噪音等不符合现今环保要求的问题。

（3）工艺传承问题：老一辈工匠技师普遍年龄偏大，由于劳动强度大、收入少、社会地位低等问题，年轻人不愿意从事传统建材的相关工作，导致传统建材手工制作工艺陷入传承困境。

（4）成本问题：生产加工场地外迁后，材料运输成本增加，为符合环保要求进行节能减排改造的投入、工作人员工资待遇的提高，均造成生产加工各环节的成本提高。

3. 政策导向

（1）现行政策法规中，缺少针对传统建材生产加工过程中环保、国土、绿化等方面的专项政策和相关法律法规，导致从事传统建材生产加工的大部分企业处于关停状态。

（2）文物保护修缮需要的传统建筑材料与现代建筑材料不同，传统建筑材料属于文化遗产的重要组成部分，必须进行保护，不能淘汰，目前缺少相关政策支持。

（3）采用手工操作是传统建筑材料行业的一大特点，过去全部生产流程都依赖手工，容易造成成品率不高、生产质量不稳定、原材料浪费等问题，企业产能落后。据了解，目前从事传统建材生产加工的企业多为小微企业，缺少政策和资金扶持。

五、对策及建议

针对原材料、生产加工、政策导向等方面存在的问题，从政策支持、企业发展、文化传承、科学研究等方面提出对策及建议。

1. 建议出台有针对性的环保、国土、规划等相关政策

（1）适当恢复原材料供应。在北京原有传统建材开采、生产加工场地，针对

附表　主要传统建材问题总结

砖瓦		
原材料	取料困难	烧制各类砖瓦的土必须是优质黏土，北京地区取土以房山土质较好，现在北京及周边地区不允许取土，较远的山东、山西、江苏等地也逐渐限制取土。
生产加工	缺少场地	由于传统生产方式会对当地产生一定的扬尘污染，且造成安全隐患，大都在经济不发达地区设厂加工。
	时间限制	由于工期限制，加工砖瓦的土没有得到充分晾熟去掉酸碱物质，导致砖瓦返碱，生产的砖瓦质量远不如前。
	质量下降	现代化生产技术缩短了砖瓦的制作时间，但是机制砖瓦与传统手工砖瓦有较大的区别，不符合文物古建筑修缮工程的要求。
工艺传承	传承困难	很少有年轻人愿意从事相关行业，老一辈工匠师傅普遍年龄偏大，无法继续材料生产和加工。
琉璃		
原材料	取料困难	传统琉璃制品的烧制需要用到北京西山的煤矸土，才能烧制出北京地区古建筑使用的琉璃。现在西山煤矿禁止开采，煤矸土失去来源。
	存料有限	现在厂里的存料，按照巅峰时期的用量，还可以用5年，不进行补充的话，将面临无料可用的情况。
生产加工	成本问题	传统工艺制作琉璃构件如果只是供应文物修缮，用量太少，工厂生产成本高。
	环保要求	传统工艺制作琉璃需要烧煤，现在可以通过改气达到环保要求，环评通过后可以恢复生产。
工艺传承	传承困难	现在有许多学者进行琉璃的研究，但会传统工艺的工匠大多年龄较大，缺少年轻的传承人。
	技术消失	制坯还可以进行，工艺还可以延续，但是不允许烧窑将会导致烧窑的技术失传。
石材		
原材料	取料困难	北京建材加工选用的小青石主要产自石景山地区，官式建筑用到的汉白玉、青白石大都产自房山大石窝，现在几处矿脉还有足够的石料，但不允许开山，导致原材料供应不足。
	存料有限	现在工厂的存料还可以保证小规模的修缮，大规模难以供应。
	价格上涨	长期的原材料短缺会造成原材料价格上涨，造成修缮工程投入增加。
生产加工	缺少场地	由于环保要求，拆除大锯等生产工具，厂家关停，无法继续生产。
	质量下降	工人没有经过长期系统的行业培训，对传统手工工艺掌握不够，导致生产质量下降；个别厂家对传统工艺缺乏认识，使用大型加工机械加工石材，生产的产品质量下降，达不到文物古建筑修缮工程要求。
工艺传承	市场需求	随着市场的变化，对石工没有那么大的需求，不需要那么多工匠。
	传承困难	石材加工十分辛苦，年轻人不愿意从事这份工作，现在几乎没有40岁以下的工匠师傅了，传统工艺面临失传的危机。
其他	运输问题	石材普遍体积大，重量大，运往外地加工困难，会对修缮工程成本造成影响。
木材		
原材料	基本满足供应	北京官式建筑和民间建筑使用多种木料，如榆木、柳木、松木、杉木、楠木等，材料大都来自外地。材料供应基本没有问题。
生产加工	缺少生产场地	由于木材大规模加工会产生一定的噪音、扬尘，现在没有稳定的加工场地，生产难以持续。
	缺少存放场地	木材在使用之前需要进行自然干燥，缺少存放木料进行自然干燥的场地。
工艺传承	传承困难	还有可以进行传统工艺生产的师傅，但工艺同样面临传承问题。
石灰		
原材料	取料困难	北京地区制备石灰用的矿石大都产自门头沟潭柘寺地区和房山多地，随着煤矿按照环保要求关闭后，渐渐失去材料来源。

原材料	存料有限	现在还有部分石灰，可以进行小范围的石灰泼制，但是无法供应大规模的文物古建筑修缮。
生产加工	缺少二次加工场地	现在北京不允许烧制石灰，石灰无法加工，面临材料短缺；不允许现场泼灰，场外泼灰不能保证制作时间，难以保证质量。
	储存困难	不允许现场制作石灰材料，但是石灰的半成品材料在空气中容易变质，无法长时间存放。
工艺传承	传承困难	现在工厂还有掌握传统手工生产方式的师傅，但是缺少年轻的传承人。
地仗材料		
原材料	供应不足	制备血料用的猪血多由北京周边的屠宰场提供，屠宰场关闭后，采购不到新鲜猪血，血料制作出现问题；砖灰来自建筑使用的旧砖（青砖），由于拆除的废砖大多进行掩埋处理，好青砖越来越少，砖灰质量有所下降。
	基本满足供应	桐油都来自贵州、广西、四川等地，使用的布和麻布现在还可以进行传统工艺的生产，供应基本没有问题。
生产加工	缺少场地	北京城市化后，血料场没有了生产场地，外地生产的材料也缺少存放场地。
工艺传承		现代技术对传统的生产环节有改进，也还有老的工匠师傅可以传授技艺，工艺传承基本可以得到保证。
彩画颜料		
原材料	基本满足供应	历史上传统建筑彩画颜料大都使用天然的矿物颜料，清代开始使用国外的化工颜料，后来慢慢转向使用国内生产的化工颜料。彩画使用化工颜料基本可以满足需要，材料供应基本没有问题。
生产加工	基本满足需要	国内生产化工颜料基本满足文物古建筑修缮工程的需要。
工艺传承	传承困难	有许多专家学者从事彩画绘画方面的学术研究，但工人缺乏职业培训，采用传统工艺制作的质量难以保证。

北京市文物古建筑修缮工程，适当开放开采条件，保证在文物古建筑修缮过程中较为真实地还原传统建材。

（2）创造生存条件。为传统建材企业提供生存和发展所需的必要条件，保障文物古建保护行业的健康可持续发展。

（3）指导企业环保改造。在现行环保政策中，补充完善针对传统建材生产加工过程中环保、国土、绿化等方面的专项政策和相关的法律法规，引导处于关停状态的传统建材生产加工企业按照相关要求进行升级，恢复生产。

（4）保障资金支持。从事传统建材生产加工的企业多为小微企业，应增加相关政策和资金扶持，保障传统技艺不因政策和资金变化而变异。

2.加大政策扶持力度，鼓励企业优化发展

（1）引导企业绿色转型。制定一系列有关生产加工、环境保护、经营管理等的行业标准，引导企业通过清洁生产、能量梯次利用、使用低碳能源等手段发展低能耗、低排放、无污染产业，鼓励发展循环经济产业。

（2）帮助企业优化生产加工环节。在使用传统原材料的基础上逐步探索新材料，采用绿色建筑材料解决原材料供应不足的问题。对生产、经营过程中产生污染物和对环境造成明显影响的加工环节进行改进，改用环保达标的生产设备，采取污染防治措施，并对产生的污染物进行有效处理，达到相应的排放标准。

3.鼓励传统工艺科学化，实现文化遗产传承

（1）鼓励传统工艺科学化。对从事传统建筑材料行业的企业和工匠进行标准信息采集，配合政府部门制定一系列行业标准，为企业现代化改造和生产提供参考；按照现代化的管理体系进行生产加工管理，转变企业原始的生产状况；提高企业的核心竞争力，进一步占据市场，获取更多的经济价值。

（2）保证传统文化延续。积极吸纳掌握传统生产工艺的工匠，对从事传统建材生产的工人进行培训，提高整体从业人员专业水平；积极努力恢复师徒传承，保证传统技艺不流失；给予传统建筑材料手工匠人和传承人资助和相关政策保障，提高工匠待遇和社会地位；为传统建筑材料传承人和工匠建立现代化档案库，进行统一管理，确保人才不流失。

（3）发挥非遗对传统技艺传承的促进作用。扩大对非遗项目的认定范围，积极吸纳掌握传统建材加工工艺的工匠成为非遗的传承人，完成对非遗的活态保护和发展创新，以优质的生产加工工艺适应社会主义现代化的发展进程。

（4）发展文化创新。推动文化旅游产业建设，以新的经营理念建立以传统建筑材料为核心的非遗博物馆，打造传统技艺传承工坊和建材生产体验工坊等文化传播场所；鼓励掌握传统技艺的工匠投身文化传播事业，展示传统建材的生产加工工艺；提供可参与互动的体验项目，增加游客的文化体验。

4. 支持系统化科学研究，探索可持续开发模式

（1）提倡系统化科学研究。与科研院所、各类高校建立长期的合作关系，合理利用科研优势，对传统建筑材料进行全面、系统、科学的普查、挖掘和研究；联合高校展开教学和研究活动，为传统建筑行业的发展提供技术支撑和人才保障，形成产学研一体化的研究体系。

（2）探索可持续开发模式。联合优质传统建筑材料企业形成产业联盟，并积极与政府、国企和央企探索合作经营、合资经营、参股经营等多种形式的合作模式，建立以传统建筑材料为经营核心的综合产业园区，组建机构进行经营管理，在以传统生产工艺为核心的产业园区中统一经营，集中解决道路交通、用水用电、环境保护等设施建设问题，减少资源浪费，优化资源配置，降低园区企业投资、生产、经营成本，突出园区产业特色，构建传统建材产业发展共同体。

① 传承中华文脉，擦亮北京历史文化金名片》，http://www.sach.gov.cn/art/2019/9/28/art_722_156911.html。

② 《国务院关于核定并公布第八批全国重点文物保护单位的通知（国发〔2019〕22号）》，http://www.gov.cn/zhengce/content/2019-10/16/content_5440577.html。

（作者单位：北京市古代建筑研究所）

基于价值挖掘与大众传播的智化寺万佛阁明代斗拱数字复原与展示

孙　淼

智化寺位于北京市东城区禄米仓胡同5号，始建于明英宗正统九年（1444），从总体格局到院落内单体建筑，直至部分建筑构件的形式、雕刻题材、彩画样式等，都保留了显著的明代建筑特征。北京现存最为完整的明代木结构建筑群这一重要的价值特点吸引了许多专家、专业机构陆续前来考察，早在民国时期，建筑学家梁思成、刘敦桢等就组织相关人士对其进行过考察并发表了相关的考察报告。

1992年，智化寺作为北京文博交流馆面向社会公众开放。作为一家博物馆，同时又是一座知名文物保护单位，如何将它的建筑特点、历史文化信息、诸多专家学者与研究机构的成果更加充分地向大众进行科普与展示？或者再细究一下，我们应该用什么途径来展示？展示的内容又有哪些？这些不仅是智化寺所面临的，也是诸多文化遗产共同面临的问题。

笔者作为智化寺的工作人员，承担了一项旨在利用现代数字技术对明代智化寺万佛阁内的斗拱进行数字复原并向社会大众充分展示其特殊结构、彩画样式的课题。撰写本文一方面是总结课题组的成果和方法，另一方面是意图分享课题组的经验。

一、数字复原对象的选定

智化寺从整体建筑群到单体建筑构件都较为完整地保存了明代构筑特点，但出于人力物力、文物安全、经济条件等多方面因素综合考虑，不可能一步到位地展示全部内容。那么这就需要一个全新的切入点，而这个切入点至少要考虑三个方面的因素：

智化寺是中国古代建筑中的经典代表。因此，我们要考虑到这些古建筑中的哪些构件、结构特点可以作为中国古代建筑的特色代表；

智化寺是明代建筑，因此在展示中也要考虑到这些古代建筑中的哪些构件、结构形式具有显著的明代特点，这也是需要解决的核心问题；

作为一个展示传播的项目，应用何种展示技术将晦涩复杂的古代建筑知识变得生动、有趣且便于实际场馆的展览布设，也是一个现实问题。

基于上述考虑，以及与项目组专家讨论后我们一致认为，智化寺万佛阁内（图一）的斗拱是最为合适的数字化复原与展示对象。

我国古代建筑以木构架形式为主流，正如梁思成先生所总结，我国古建筑之墙壁隔扇多用做内外之别而并不实际承载屋顶重量。作为骨架的立柱、梁檩为了能够顺利承载重量，减少单位面积上所承受的剪力，需要一种过渡部分。这一过渡部分又可层层叠加，向外檐方向延展，增加出檐距离。[①]这便是在大木式建筑中十分常见的斗拱。

之所以选择斗拱作为此次数字复原

图一 智化寺如来殿（万佛阁）

图二 东汉画像砖中的宅院与斗拱

图三 佛光寺大殿外檐斗拱

图四 河北曲阳北岳庙德宁殿柱头铺作与补间铺作

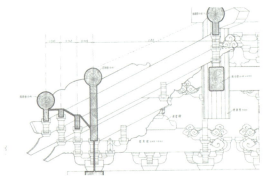

图五 社稷坛前殿带秤杆结构形式的斗拱

的展示对象，不仅是因为斗拱属于我国古代建筑体系中独有的特色建筑构件，其存在更是由来已久，形制、样貌具有十分鲜明的历史特点。《论语·公冶长》有云："臧文仲居蔡，山节藻棁。"[②]其中"山节"一词意指雕刻成山形的斗拱、木件。"藻棁"意指梁上短柱的装饰性纹样。这是用来形容古时天子的庙堂之装饰，虽然后期引申为形容住所装修之奢华，但可以看作是斗拱早期的文献记载。

汉代，斗拱亦被称为"欂栌"。《鲁灵光殿赋》中称其为"栌"。虽然没有实物留存，但是从两汉的石刻像、画像砖、出土明器、石阙中均可发现其身影（图二）。唐代是斗拱发展的一个重要阶段，根据斗拱在建筑中的安置位置，逐渐演变为柱头、补间、转角三类科属，总体形制与后世相差不远（图三）。两宋、辽金时期，斗拱常以"铺作"之名见于书面，其发展趋近完善。值得一提的是，两宋时期斗拱构件的局部尺寸成为了规定建材等级、建筑尺度的计量标准，这在《营造法式》中得到了体现。元朝时期，斗拱在机能和形式上仍保有些许宋代遗风（图四）。

自明代开始，斗拱的权衡尺寸开始缩减。并且从整体而言，补间斗拱的数量占比激增。不仅如此，以北京现存明代建筑为例，明早期的社稷坛前殿内补间斗拱与明中叶的智化寺万佛阁二层补间斗拱相比较，同样具有杠杆结构，但后者不具备力

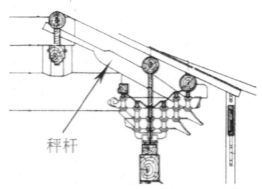

图六 智化寺万佛阁二层带秤杆结构形式的斗拱③

学作用（图五、图六）。并且清代镏金斗拱形式的演变与形成也与这种带有杠杆结构的斗拱有着传承关系。

因此，以智化寺万佛阁内的斗拱作为数字复原对象，既可以满足展示我国古代建筑显著特点的需求，也可以依靠这一特色构件展示明代官式建筑与清代官式建筑中的差异，更可以借助数字化技术将其进行电算领域内的解析拆分，方便展览展示的同时也有助于今后的科研学习。

此外，考虑到后期的展示用途，此次复原模型采用的是数字建模复原。如果将来在智化寺的展陈中能够利用AR技术，裸眼看是经历沧桑的残损现状，使用AR设备或装载AR程序的手机终端等观察则呈现复原后的形象，这就可以产生现实与虚拟的切换，既忠实保存了历史在彩画上留下的信息，也还原了明代本来的面貌。

二、万佛阁斗拱数据信息的采集与研讨

此次项目实施中，出于实际情况考量，选择以站式三维激光扫描技术和传统测绘技术相结合的形式进行万佛阁斗拱数据信息的采集。

第一，斗拱外檐布有防止鸟类筑巢的铁丝网，不便拆卸且有碍于对外檐构件尺寸进行详细的手工测量；内檐部分因布展需求设置诸多灯架、线路，亦不便观测且不便进行详细的尺寸测量。

第二，传统手工测绘存在一定的误差。民国时期，梁思成、刘敦桢等专家学者对智化寺内的单体建筑大多做出详细的测绘。20世纪80年代万佛阁的珍贵落架修缮图纸也为建筑的研究解析起到重要作用。这些图纸的珍贵之处，在于其将一些隐蔽的部分进行了全方位展示，但手工测绘记录难免存在误差，甚至仍有部分存在测绘局限。

第三，三维激光扫描具有信息采集覆盖率大、数据测量误差精度小、无损无接触、时间周期短等优势，可以较大程度上弥补传统手工测绘工作中的盲点。又因万佛阁平坐层由于结构问题无法进行直接的三维激光扫描、斗拱内外檐衔接部分也被建筑构件阻挡，因此，两种测绘技术相结合的方式可谓是获取所需数据信息的最优解。

（一）初步材分考证

基于上述原因，本次工作的具体数据采集与复原对象即是从智化寺万佛阁的一、二层及平坐层中选取保存形制周正、完好且易于观测的明式斗拱，根据所在位置，包含平身科、柱头科、转角科三种（表一）。

选定对象后，下一步便是数据采集、验证拟合。验证拟合即将现场采集到的实际点云数据与文献资料中定夺的材分尺度进行对比，从而判断、选取出复原工作的参考数据。因明代工部法式文献尚有缺失，上文所述带有秤杆的明式斗拱属清代所见镏金斗拱之前身，故而需结合宋、清两代的具体材分制数据及使用情况，为下一步的复原建模工作提供对比参考（表二）。

结合智化寺本身的建筑职能与等级形式作出初步判断：因太和殿为七等斗口，故复原建模对象的斗口尺寸应基本符合在八等至九等斗口的数据区间。

（二）三维点云数据拟合

在进行数字化采集的同时，为进一步检验斗口实际尺寸数据与文献的一致性，

表一　主要传统建材问题总结

序号	名称	位置信息	现状
1	五踩单翘单昂平身科斗拱	一层东次间西立柱右侧第一攒	
2	五踩单翘单昂柱头科斗拱	一层西次间西侧柱头	
3	五踩单翘单昂转角科斗拱	一层东南转角	
4	三踩单翘平身科斗拱	平坐层明间正上右起第一攒	
5	三踩单翘柱头科斗拱	平坐层东侧右起第一攒	
6	三踩单翘转角科斗拱	平坐层东南转角	

序号	名称	位置信息	现状
7	七踩单翘重昂平身科斗拱	二层东次间西立柱右侧第一攒	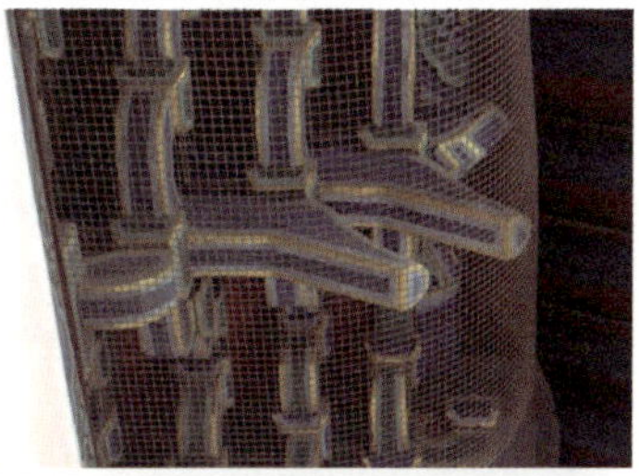
8	七踩单翘重昂柱头科斗拱	二层东次间西立柱柱头（图中左侧）	
9	七踩单翘重昂转角科斗拱	二层西南转角	

将整理好的现场三维激光扫点云数据与通过文献考证做出的初步判断情况进行拟合（图七—图九）。表三所示为基于切割现场点云数据模型所获取到的平身科、柱头科斗拱斗口尺寸数据（转角科斗拱周身铁丝网处所聚集的杨絮过多，扫描数据参考性低，故不列出）。

（三）制定绘图与复原准则

结合上述点云测距数据，对照文献材料与初步判断，得出如下阶段性绘图与复原建模参考（表四）：

通过上述表格数据可以发现，万佛阁各类斗拱因历经百年，多已出现歪闪、移位现象，部分斗拱构件凭肉眼便可发现其形态多不规范。对于此类现象，经多次讨论一致决定，此次复原绘图、建模以智化寺万佛阁斗拱为蓝本，但斗口尺寸数据统一为全楼平均数值（8cm），并且将明代斗拱的构件特色于图纸、模型上进行集中体现。

但在绘图过程中发现，以往的建筑修缮工程多数不涉及斗拱隐蔽部位（即中心部位的构件，如头昂二昂与六分头、麻叶头之间区域的修补和替换）。因此，课题组采取了按明代结构特征制作并征询专家意见的方式：如万佛阁二层平身科斗

表二 宋、清两代斗拱的材分制数据对比

宋式八等材（指木材本身，非斗口）		清式十一等材	
一等材	材高9寸（30cm）厚6寸（20cm），用于九间或十一间大殿	一等斗口	宽6寸（20cm），未见实例
二等材	材高8.25寸（27.5cm）厚5.5寸（18.3cm），用于五间或七间大殿	二等斗口	宽5.5寸（18.3cm），未见实例
三等材	材高7.5寸（25cm）厚5寸（16.6cm），用于三间或五间殿、七间厅堂	三等斗口	宽5寸（16.6cm），未见实例
四等材	材高7.2寸（24cm）厚4.8寸（15.8cm），用于三间殿或五间厅堂	四等斗口	宽4.5寸（15cm），城楼等高大建筑
五等材	材高6.6寸（22cm）厚4.4寸（14.6cm），用于三间小殿或三间大厅堂	五等斗口	宽4寸（13.3cm），城楼等高大建筑
六等材	材高6寸（20cm）厚4寸（13.3cm），用于亭榭或小厅堂	六等斗口	宽3.5寸（11.6cm），城楼等高大建筑或大殿
七等材	材高5.25寸（17.5cm）厚3.5寸（11.6cm），用于小殿或亭榭	七等斗口	宽3寸（10cm），一般用于重要建筑
八等材	材高4.5寸（15cm）厚3寸（10cm），用于殿内藻井、小亭榭或斗拱	八等斗口	宽2.5寸（8.3cm），一般用于重要建筑
		九等斗口	宽2寸（6.6cm），一般用于通常建筑
		十等斗口	宽1.5寸（5cm），一般用于藻井与装修
		十一等斗口	宽1寸（3.3cm），一般用于藻井与装修

表三 平身科、柱头科斗拱数据

一层平身科斗拱点云数据测距结果		
测量对象（南立面）	坐斗外檐边长	斗口尺寸数据
西梢间	23.7cm	7.9cm（2.37寸）
西次间左起第一攒	23.6cm	7.8cm（2.34寸）
西次间左起第二攒1次	23.3cm	7.7cm（2.31寸）
西次间左起第二攒2次	22.4cm	7.4cm（2.22寸）
西次间左起第三攒	27.5cm	9.1cm（2.73寸）
西次间左起第四攒	23.7cm	7.9cm（2.37寸）
明间左起第一攒	24cm	8cm（2.4寸）
明间左起第二攒	24.6cm	8.2cm（2.46寸）
明间右起第二攒	22.8cm	7.6cm（2.28寸）
明间右起第一攒	21.1cm	7.03cm（2.109寸）
东次间左起第一攒（选定）	21.7cm	7.2cm（2.16寸）
东次间左起第二攒	22.6cm	7.5cm（2.25寸）
东次间左起第三攒	22.9cm	7.6cm（2.28寸）
东次间左起第四攒	26.4cm	8.8cm（2.64寸）
东梢间	22.1cm	7.3cm（2.64寸）
一层平身科斗拱坐斗外檐边长平均值		23.493cm
一层平身科斗拱斗口尺寸数据平均值		7.802cm（2.34寸）
一层柱头科斗拱点云数据测距结果		
测量对象（南立面）	坐斗外檐边长	斗口尺寸数据
西梢间右立柱1次（选定）	33.1cm	8.2cm（2.46寸）
西梢间右立柱2次（选定）	32.7cm	8.1cm（2.43寸）
明间左立柱1次	34.5cm	8.6cm（2.85寸）

明间左立柱2次	33.3cm	8.3cm（2.49寸）
明间右立柱1次	31.2cm	7.8cm（2.34寸）
明间右立柱2次	33cm	8.2cm（2.46寸）
东梢间左立柱1次	33.1cm	8.2cm（2.46寸）
东梢间左立柱2次	32.7cm	8.1cm（2.43寸）
一层柱头科斗拱坐斗外檐边长平均值		33.125cm
一层柱头科斗拱斗口尺寸数据平均值		8.281cm（2.48寸）
二层平身科斗拱点云数据测距结果		
测量对象（南立面）	坐斗外檐边长	斗口尺寸数据
西起第一攒	22.9cm	7.6cm（2.28寸）
西起第二攒	22.4cm	7.4cm（2.22寸）
西起第三攒	23.4cm	7.8cm（2.34寸）
西起第四攒	22.7cm	7.5cm（2.25寸）
东起第一攒	21.9cm	7.3cm（2.19寸）
东起第二攒	22.7cm	7.5cm（2.25寸）
东起第三攒	23.9cm	7.9cm（2.37寸）
东起第四攒（选定）	22.4cm	7.4cm（2.22寸）
二层平身科斗拱坐斗外檐边长平均值		22.78cm
二层平身科斗拱斗口尺寸数据平均值		7.55cm（2.265寸）
二层柱头科斗拱点云数据测距结果		
测量对象（南立面）	坐斗外檐边长	斗口尺寸数据
明间右立柱 半距1次	18.1cm × 2	9.05cm（2.715寸）
明间右立柱 半距2次	17.5cm × 2	8.75cm（2.625寸）
二层柱头科斗拱坐斗外檐边长平均值		35.6cm
二层柱头科斗拱斗口尺寸数据平均值		8.9cm（2.67寸）

表四 复原对象建模参考

复原对象：一层南立面东次间左起第一攒平身科斗拱				
实测数据	所在层平均值	文献参照	初步推断	符合与否
7.2cm（2.16寸）	7.802cm（2.34寸）	八等斗口宽2.5寸（8.3cm）；九等斗口宽2寸（6.6cm）	复原建模对象的斗口尺寸应基本符合八等至九等斗口的数据区间。	符合

复原对象：一层南立面西梢间右立柱柱头科斗拱				
实测数据	所在层平均值	文献参照	初步推断	符合与否
8.15cm（2.44寸）	8.281cm（2.48寸）	八等斗口宽2.5寸（8.3cm）；九等斗口宽2寸（6.6cm）	复原建模对象的斗口尺寸应基本符合八等至九等斗口的数据区间。	符合

复原对象：二层南立面东起第四攒平身科斗拱				
实测数据	所在层平均值	文献参照	初步推断	符合与否
7.4cm（2.22寸）	7.55cm（2.265寸）	八等斗口宽2.5寸（8.3cm）；九等斗口宽2寸（6.6cm）	1.复原建模对象的斗口尺寸应基本符合八等至九等斗口的数据区间。2.二层斗口尺寸数据小于一层斗口尺寸数据的平均值。	符合

续表

复原对象：二层南立面明间右立柱柱头科斗拱				
实测数据	一层斗口平均值	文献参照	初步推断	符合与否
8.9cm（2.67寸） 实际取8cm	8.281cm（2.48寸）	八等斗口宽2.5寸（8.3cm）； 九等斗口宽2寸（6.6cm）	1.复原建模对象的斗口尺寸应基本符合八等至九等斗口的数据区间。 2.二层斗口尺寸数据小于一层斗口	有偏差

图七 万佛阁一层柱头科外檐部位点云数据

图八 万佛阁一层柱头科（明间西立柱）斗拱侧视图（带挑尖梁）

图九 万佛阁一层平身科斗拱外檐部分点云数据

拱向后方上挑的秤杆，如果按镏金斗拱的形式反推，下方应存在一块三角状构件用以填充该区域的空白，同样的情况也有相关学者提出④。并且根据三维激光测绘，此处确有一块隐蔽的区域。但这只是一种推断，经过故宫博物院李永革老师的指导，确定其名称应该是"削塞"或者"削肩""尖衬"，为三角形。诸如此类的情况还有很多，但是由于明代斗拱没有像清代一样的官方书籍记载做法，20世纪80年代的大修图纸仍有局限之处，一些隐蔽构件要根据测绘数据对不可视的部分进行进一步的推导。

三、万佛阁斗拱3D复原建模研讨

（一）形态复原

在完成了智化寺万佛阁各类斗拱的分构件图纸、三视图纸的绘制工作后，就进入了斗拱3D模型制作阶段。虽然图纸阶段已经集中讨论并解决了很多细节，但3D模型制作的技术人员多数没有古建筑的知识功底，因此，很多明代建筑构件的特征往往会被忽视。比如，明代坐斗留有"斗頔"做法，即明代斗拱的坐斗的四条竖向外边框并非如清制一样是一条斜向下收的直线，而是一条向内收的弧线。但模型制作过程中往往会自动忽略，并拉做直线（图十、图十一）。这就需要绘图人员、模型制作人员之间相互沟通。为9组斗拱制作300余个构件的工作量可谓费时耗力，这也可以看出古人的工匠精神。今天我们利用现代技术，在计算机上敲击键盘和拖动鼠标都要煞费苦心，而古人却是用简单的工具制作出如此精良的建筑，这其中所凝结的正是古代匠师的智慧和执着，更是他们精益求精的精神。

（二）色彩复原

为了真实、全面地表现明代斗拱形态，对斗拱表面彩画的复原也是此次工作

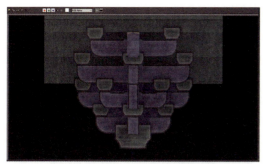

图十 斗拱模型中坐斗部分的特殊形态

图十一 现场斗拱坐斗部分的特殊形态

的一个重要内容。除了进行结构上的复原与拆分，课题组在最初也一同明确了复原斗拱周身彩画的目标。

在制作过程中发现，智化寺万佛阁外檐斗拱彩画是后期重绘的，内檐彩画则是明代遗留，但经历岁月侵蚀已显斑驳不清。目前，万佛阁斗拱的内外檐彩画存在一处显著差异：斗拱外檐重新绘制彩画为金线勾边，后带一道混白浅边，最后为或蓝或绿的填充色；斗拱内檐则以墨线进行勾边，内里填充的蓝或绿色由外向内，留有隐约可见的层层退晕效果，即将墨线计算在内共有四层彩画，比外檐彩画要多出一道。

"退晕"是明代和清代早期才有的建筑彩画做法，也称"晕染"，即将一种颜色调制成不同的深浅度，随后在同一区域内逐层绘制、填充，形成一层层的退晕（图十二）。这种绘制方法会造成一种视觉上的凹凸感，能够让填充形象产生别样的立体感。或许是由于成本与工艺的原因，目前斗拱外檐部分的彩画并没有这些特征。这就产生了是按照现状内外不等的形象进行色彩复原、还是内外檐都按照旧

时明代风格进行复原的分歧。

基于这项分歧，课题组同相关领域专家进行了讨论与意见征询：一是，本课题最主要的目的是为了展示明代斗拱的特征，除了形制特征外，彩画的特征及两者背后的文化内涵也应该是重点，那么恢复明代的性质似乎更合适；二是，内外檐还存在彩画形制上的区别，如勾边轮廓、色彩层次、涂绘工艺等，考虑到凸显历史原貌与后世涂装的区别，这种差异反而起到"教具"的效果，因此按照内外有别的现状进行复原与制作数字模型，或许是妥善之策（图十三）。

四、万佛阁斗拱的分件拼装动画演示制作

智化寺万佛阁斗拱的整体与分构件3D模型制作完成之后，就是对其进行合理的展现了。为了更加全面、充分展示明代斗拱的特点，课题组决定以拼装动画的方式进行展现（图十四）。这种方式具备三项优势：

第一，可以全面演示出斗拱从最下一层的坐斗、翘开始层层叠加拼装，直至最上层

图十二 斗拱上的退晕做法

图十三 复原建模的退晕模拟

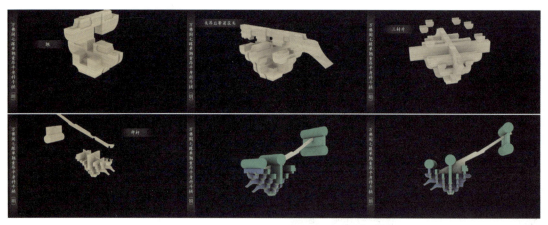

图十四 动画展示

的枋、檩如何落位，而且搭建动作的快慢可以自行调节，动画可多次重复观看。

第二，拼装动画的播放设备简单易得，从手机到电视，只要装载对应视频文件和播放器即可，有利于文化遗产的广泛展示和传播。如果采用过于专业的设备，获取途径及较高的采购经费将会是新的问题，虽然专业设备有一定优势，但是在大众传播理念下就显得微不足道。而数字化的大众传播的原则，就是尽量轻量化地展示设备、尽量快捷简便地获取途径和低廉地获取成本，即"以'人性化'和'补偿性'为主"⑤。并且，这种拼装动画是大众熟悉的表现形式，也是从儿童到成人都能接受的、高效快捷的表现形式。

在明确传播目的和手段之后，下一步就是如何将效果做得更加生动和直观。在动画搭建过程中，课题组对每一个构件的拼接速度、画面表现的角度、背景底色搭配效果、配乐及整个动画的总时长都进行了反复斟酌。如果单个构件搭接速度过快，会看不清楚结构；速度过慢，则造成总时长过长。角度也是不能固定一个角度的搭接，而是一边搭接一边使斗拱随之缓慢转动，便于观众看到整体结构。

五、结语

近年来，随着数字技术的成熟与深度发展，为文化遗产的保护利用、普及展示开启了一条光明大道。这种跨平台、跨领域的古今融合，使得文化遗产的信息整合、丰富内涵的广泛传播得到新鲜助力。

智化寺万佛阁斗拱内涵的挖掘与展示既是一次传统与现代技术相结合的尝试，也是一次多学科相结合的探索，更是一种展示形式的创新。通过挖掘明代斗拱的表现形式、其背后包含的明代意图，全面恢复汉文化的内涵，通过全面展示斗拱的复杂结构，多角度、全方位地向大众传递我国古代建筑艺术之美的同时，也向大众传播了我们历代传扬的精益求精的工匠精神。

---

①梁思成：《梁思成全集》卷六，中国建筑工业出版社，2016年，第291页。

②（魏）何晏、邢昺：《论语注疏》卷五《公冶长第五》，中国古籍出版社，2016年，第31页。

③北京市智化寺管理处：《智化寺古建筑保护与研究》，北京燕山出版社，2014年，第81页。

④何乐君、吴伟：《明代斗拱的勘测与分析——大高玄殿木作技术研究之一》，《故宫博物院院刊》2019年第8期。

⑤郭庆光：《传播学教程》，中国人民大学出版社，2011年，第154页。

（作者单位：北京文博交流馆）